日台関係研究会叢書 3

民進党三十年と蔡英文政権

浅野和生 編著

展転社

序　叢書刊行に寄せて

本書は、日台関係研究会叢書3として出版される。本会は、平成七年六月に創立され、爾来二十一年が経過した。叢書は、本会の活動の成果として世に問うものであり、平成二十六年（二〇一四）、同二十七年（二〇一五）に続く出版である。

台湾では、民主進歩党（民進党）が、今年で結党三十年を迎えた。一九八六年、同党は、中国国民党（国民党）政権による苛烈な人権侵害を受けながらも、祖国を思う関係者の揺るぎない志が結集して誕生した。同党は、結成の時点では非合法であった。その後、急速な民主化により、合法政党として認知され、国民党独裁下の圧力に撥ねつけられながらも、立法院（国会）、地方政府の首長、地方議会などの各種選挙において、次第に多数の議員を当選させていく。二〇〇〇年の総統選挙では、ついに国民党の候補者を破り、陳水扁民進党政権を誕生させた。その後、総統の座は、二〇〇八年国民党政権、続いて本年五月の民進党蔡英文政権誕生へと移り、都合三度の政権交代が続いた。一度政権から陥落した民進党の返り咲きは、自由と民主主義が成熟しつつある台湾の現時の到達点を象徴する出来事であった。こうした民進党の歴史は、台湾人の台湾を目指す人々の強い意思を表すものであった。本書は、民進党結党三十年と民進党蔡英文政権の誕生を機会に、台湾の民主主義のあゆみを軸にして、同党の波乱万丈の歴史をひもとくとともに、誕生した蔡英文政権と日台関係の将来を展望するものとなっている。編著者である浅野和生氏は、二十年来、日本版台湾関係法の制定を提唱してきたことでよく知られている。本会の事務局長である浅野氏は、台湾の研究者や有識者との太いパイプを生かしながら、台湾政治の調査分析にあたっている。この叢書も、従前同様、浅野氏の企画の下、問題意識を同じくする本会関係者が集ってまとめられた。以下に全五章の一部を紹介しておこう。

第一章は、「創立三十年の民進党と蔡英文政権」(浅野和生)をテーマとする。「改めて民進党結党三十年の歴史と本年の蔡英文政権誕生の意義を論じることで、今日の台湾が、多くの人々の労苦と恩恵の上に成り立っていることを想起するとともに、台湾の現状を描き出そう」と試みた論考であり、本書の総論をなす。民進党三十年史の骨格が過不足なく論じられるとともに、台湾史の新たなページを開いた蔡英文政権と日台関係の展望にも十分なスペースが割かれている。「高まる中国の圧力に対して、台湾が吸収されずに主権を守り、繁栄を勝ち取るために、台湾人が結束して対抗しなければならない時代であって、国内の政党間対立に現《うつつ》を抜かしていられる時ではない。民進党は台湾の総意を代表して、包容力ある政治を実現しなければならない」と蔡英文政権への期待で閉め括られている。

第二章は、「戒厳体制下における党外活動と民進党の結成」(渡邉耕治)について、詳論している。戒厳体制に対する米国の厳しい民主化要求、フィリピンのマルコス政権の崩壊、蔣経国自身の体調問題など、台湾内外の環境変化に着目しながら、国民党の一党独裁体制下で「党外人士」と呼ばれた反体制分子が、厳しい人権侵害や取締を受けながらも、分裂と合同を経て民進党結成にいたる経緯が紹介されている。

第三章は、「民主進歩党結党から陳水扁政権樹立まで」(加地直紀)を対象とする。台湾の民主化と民進党の発展にとって、晩年を迎えた蔣経国総統が行った権威主義体制下の改革が、堅く閉ざされてきた扉を開く鍵となったこと、さらに、民進党が幾多の苦難を負いながらも、台湾人の台湾を目指して分裂せずに政権を獲得するにいたった過程などが明らかにされている。

第四章は、「民進党の三十年と立法委員選挙」（松本一輝）である。これまで使用されたことがない立法委員選挙のデータを駆使して、民進党三十年の国政選挙の結果を分析することにより、台湾の民主化の流れをデータで明らかにする。総統選挙や地方選挙など、選挙の度にとかく勝った負けたと論じられるが、立法委員選挙の得票率を見れば、民進党はこの三十年で順調に支持者を増やしていた。同党三十年の苦難の道程は、二〇一六年の総統選挙、立法委員選挙の完勝で結実したことがよくわかる。

第五章は、「陳水扁政権期の『公民投票』の実現」（山形勝義）を取り上げる。陳水扁政権期において制定された「公民投票法」の立法過程を検討し、同法によって三回実施された国民投票の内容を紹介している。間接民主制を補完するものとして、直接民主制の一方式である国民投票は、選挙以外に特定の国家的意思の決定や政策の選択のために、国民の意思を問う仕組みとして導入されたが、それも台湾民主化の一里塚と評価する。

以上の五編の論考には、民主化、台湾人の台湾などがキーワードのように頻繁に使用されている。民進党に最も相応しい形容といえようが、各執筆者にとっても強く意識する理念でもあった。本書の執筆者に共通するのは、日台関係がよき隣人関係でありたいと願う素直な意識である。これこそが本書に通底する認識であり、日台関係研究会の主張である。申すまでもなく、台湾は、日本にとって自由と民主主義の価値感を共有する隣国となっている。国交は断たれているものの、両国間の歴史、経済、文化の関係は大切な絆といっても良いだろう。もちろん、四面環海の日本の安全にとって、地政学上も極めて重要なパートナーであることを忘れてはならない。我々は、こうした関係を一貫して「運命共同体」と呼んできた。他の隣国との関係を顧みれば、誰もがよき隣人関係を築ける間柄の台湾との関係は格別のものだと思う。本書には、価値観を共有する、よき隣人の来し方を知り、行く末を共に考える材料が満載されている。多くの方々に台湾をもっと知っていただくことは、日本自身のためにもつながることだ。ぜひ、多くの方々に本書をご紹介したい。

冒頭にも触れたように、日台関係研究会は、今年で創立二十一年が経過した。本会は、毎月の定例研究会を欠かすことなく開催し、年次大会も開催してきた。日台関係は「運命共同体」との問題意識も変わらない。叢書刊行開始以前、すでに本会関係者の執筆にかかる書物は十四冊を数えている。もちろん、こうした活動は国内外の多くの人々のご支援なくして継続はできない。本叢書の刊行を機に、改めて深く感謝を申し上げたい。

平成国際大学教授・日台関係研究会理事　酒井正文

目次

民進党三十年と蔡英文政権

カバーデザイン　古村奈々＋Zapping Studio
カバー写真　MiNe（sfmine79）

第一章　創立三十年の民進党と蔡英文政権

平成国際大学教授　浅野和生

はじめに

一九八六年九月二十八日、台北市内、基隆河北側にそびえる中華風高級ホテル、圓山大飯店の一室で民主進歩党（以下、民進党とする）が誕生した。当時の台湾、中華民国は、一九四九年に布かれた戒厳令が継続しており、新たな政党の結成、新聞の発行が禁止されるなど、中華民国憲法が保障する各種人権が制約される蔣経国権威主義体制下にあった。つまり、民進党の結成は、「党禁」を侵した、不法行為としての門出であった。

世界各国について、政治的自由度と社会的自由度を数値化してランキングを発表しているフリーダム・ハウスによると、二〇一六年度の評価で、台湾は百点満点の八十九点、イタリアと同点の自由な国とされている。しかし、三十年前の台湾は、今からは想像もつかない政治・社会的環境に置かれていたのである。

ちなみに、同評価ではアメリカが九十点、日本は九十六点の自由な国であり、スウェーデン、フィンランド、ノルウェイの北欧三国が百点満点とされる一方、ロシアは二十二点、中国は十六点の不自由国であり、北朝鮮はわずかに三点、世界最下位はマイナス一点のシリアである（https://freedomhouse.org/report/freedom-world/freedom-world-2016 参照）。

当時の台湾は、政治的自由度が低かったが、それでも今日の中国よりは自由であった。

経済分析では、経済発展の段階について、停滞していた後進国において近代工業化がはじまり、生活水準が目に見えて向上するようになる離陸（take off）の時期があるという。農漁業など、古来の産業に依存し、伝統的な生活習慣に縛られている社会が、離陸後には見違えるように変化し、街の景観も、人々の服装や習俗も変わっていく時期がある。

政治の分析において、この離陸に相当するのは、自由に活動できる野党結成の公認であろう。独裁的な権力の指示と抑圧の下に国民が暮らしている国において、その権力に対抗する在野の勢力が、政党として組織され、世論の支持を背景に継続的に活動できるようになると、その国の政治は一変する。支配者が被支配者に、上から下へと命令をくだす体制から、制度的に対等な複数の勢力が、それぞれ国民の支持を受けながら、討議し、多数決で決定する民主主義が芽吹くことになる。台湾において、民進党の結党と、その活動の公認こそが台湾の民主主義への離陸の時だったに違いない。つまり、台湾の民主主義は、離陸してからほぼ三十年が経過したことになる。

台湾を中華民国が支配しはじめたのは、一九四五年十月二十五日のことだった。第二次世界大戦に敗れた日本は、ポツダム宣言受諾により、台湾の領有権を放棄した。九月二日、連合国一般命令第一号は、日本が手放す台湾について、中華民国の蒋介石軍が接収することを決めた。そして、十月二十五日、台北市公会堂で、最後の台湾総督、安藤利吉が受降式に臨んだ。連合国を代表して、蒋介石が派遣した陳儀が、台湾の統治権を受け止めた。

これ以後、中華民国による台湾統治がはじまったが、蒋介石の国民政府は、日本におけるＧＨＱと同様に、台湾に対して占領者として振る舞い、台湾人を支配した。また、日本統治の影響、つまり日本語や、日本文化を台湾から根こそぎ排除しようとした。

しかしながら、大陸中国では、国民党軍と共産党の人民解放軍のあいだで、いわゆる国共内戦がはじまり、やがて中国大陸各地で国民党軍は人民解放軍に敗北を喫した。北から南へ、共産党の支配地域が広がり、ついに一九四九年十月一日、毛沢東が北京で中華人民共和国の建国を宣言した。大陸中国に居場所を失った蒋介石政府と国民党軍は十二月に台湾へ移転、これ以後、台湾海峡を挟んで、台湾に中華民国、大陸に中華人民共和国が対峙する状態が固定化されることになった。

実態としては、そのまま今日まで六十七年間、台湾と中国に二つの国が併存している。

国共内戦の末期、一九四九年に台湾で布かれた戒厳令は、その後も解かれることはなく、一九八七年七月十五日まで、実に三十八年間継続することになった。国民党政府は、大陸中国の共産党勢力との戦争状態を理由に、憲法を停止し、「動員戡乱時期臨時條款」を制定して、非常時体制をとった。通常、非常時体制は、数日か数ヶ月、長くても数年で終わるものである。しかし、台湾では戒厳令が三十八年間続いて、非常時が常態化する世界史上稀有な事例となった。

その戒厳令が終わろうとするころ、民進党は誕生した。その誕生にいたるまでに、多くの人々の涙と汗が流され、命が失われた。民進党誕生の前史には、台湾の人々の勇気と知恵と犠牲が、深く刻まれている。その頃、国民党の一党支配に抵抗して、台湾の民主化を求め、あるいは中国からの外来者の台湾支配に反対し、台湾独立を求めた人々は、ひとまとめに「党外」として括られていた。党外人士の戦いの一端は、次章に述べられている通りである。

そして、今から三十年前、歴史の表舞台に躍り出た民進党は、結党からわずか十四年で政権の座についた。二〇〇〇年に総統の座を射止めた陳水扁は、憲法が定めた二期八年を勤め上げたが、この八年間に、国政選挙で民進党が過半数の支持を得たのは、二〇〇四年の総統選挙だけである。支持率三十九％ではじまった民進党政権は、四十一％で政権の座を去った。しかし、二〇〇八年の総統選挙後の民進党には、単なる政権交代以上の挫折感が満ちていた。

結党から二十年間、時と共に支持基盤を拡大し、二大政党の一翼を担って、台湾社会で確固たる存在へと昇り続けた民進党は、陳水扁政権最後の一年あまり、前に進むというより後ずさりをしているようだった。このとき、民進党は初めて、支持者が離れていく経験をした。

こうして、二〇〇八年の大敗を受けて、民進党は新たな段階に入った。内外からの批判のなかで舞台を去った民進党は、失望を味わった支持者たちから再び信頼を勝ち取るという、困難な途を歩むことになった。結果的に、それには馬英九政権八年の時間が必要であったのだろう。その道を先導したのは、今年、総統の座についた蔡英文である。また、二〇一四年以来の台湾の若い世代の政治的活性化が、この八年で変身を遂げた新たな民進党の、蔡英文政権誕生のための政治的土壌を用意した。

民進党結党以来の三十年間に、台湾の政治風土は大きな変化を遂げ、台湾の人々の常識は天地が入れ替わるほどに激変した。全中国を統治する中華民国の臨時の首都が台北であること、つまり「台湾は中国そのものである」というところから、台湾は台湾であって、「台湾は中国ではない」というところへの変化である。台湾の政治的常識は、極端な変化を遂げたが、その変化が実は原点への回帰であったために、短時間のうちに台湾の多数派の人びとの脳細胞の奥底にまで染み込んで、あるいは秘められていた本性の表出であったために、今では以前の状況を思い浮かべることが難しいほどである。本小論は、改めて民進党結党三十年の歴史と本年の蔡英文政権誕生の意義を論じることで、今日の台湾が、多くの人々の労苦と恩恵の上に成り立っていることを想起するとともに、台湾の現状を描き出そうとする試みである。

三十年前の台湾とアジア

一九七一年以来、日本と台湾の学者、専門家が相集って中国問題を研究する「日華大陸問題研究会議（台湾側の名称では、「中日大陸問題検討会議」）が開かれていた。日本と、台湾と、一年交代に会場を移しながら、中華人民共和国の政治、経済、軍事情勢を探り、その対米、対日、対アジア政策を検討した。本書の序文を執筆した酒井正文教授は、この会議の終盤十年あまり、事務局長として会議の運営の中心を担っていた。

筆者が、東京で開かれたこの会議に初めて参加したのは一九八七年三月のことであった。

今から思えば、民進党結党以後、初の「大陸問題研究会議」であった。そして、その四ヶ月あまり後の七月十五日に戒厳令が解除され、十一月には、親族訪問のために台湾人が大陸中国を訪問することが解禁された。しかし、法的には中台間の戦争状態はまだ続いていて、台湾では、非常時法である動員戡乱時期臨時條款が施行されていた。さらには、新たな新聞発行を禁じる「報禁」も、政党の結成を禁じる「党禁」も存続していた。これによって、政治的には、一九四九年に中華民国政府が大陸中国から台湾へ移転してきた当初の、基本的枠組みが継続していた。

しかしその頃、経済的には、香港、韓国、シンガポールとならんで、台湾は先進国の仲間入りを果たそうとする、「アジアの四匹の小龍」の一つに数えられていた。翌八八年には、韓国でソウル・オリンピックが開催されることもあり、これらアジアＮＩＥＳは活気にあふれていた。つまり、台湾の人々の人権は十分に守られていなかったが、政治的な制約が徐々に取り除かれつつあり、昨日より今日の暮らしは良くなっているし、明日はもっと良くなるだろうという希望で、人々の顔は明るかった。台湾の一九八六年から一九八八年とは、そんな時代であった。

世界では、米ソ冷戦が末期を迎えつつあり、アメリカはレーガン大統領がＳＤＩ（戦略防衛構想）を発動し、政権を引き継いだブッシュ大統領は、Ｇ７を率いてソ連と対峙し、そのソ連では、ゴルバチョフがペレストロイカ（立て直し）に活路を見い出そうとしていた。一九七〇年代から一九八〇年代初めまで、アジアで、中東で、ラテン・アメリカで、勢力圏を拡張しながら冷戦を主導したのはソ連であったが、アンドロポフとチェルネンコというそれぞれ二年に満たない政権が終わると、冷戦の主導権はアメリカと西側諸国の手に移っていたのである。

東欧では、共産圏の民主改革前夜の時期に差し掛かっていたが、中国でも、胡耀邦、趙紫陽の指導の下に、政治改革への期待感がもたれた時期である。

台湾で民進党が誕生した当時は、明らかに世界史的な転換の時代だった。もしくは、蔣経国が李登輝を副総統として育て、民進党の結党を黙認し、戒厳令を解除してから舞台を去っていくと、台湾は世界史の転換を体現する国の一つに加わったのであった。

次章以後に詳しく紹介されているように、八六年九月二十八日の民進党の結成は、多くの人から見ればハプニングに見えるできごとであったが、民進党の秘密結党十人小グループとしては、タイミングを見計らっての計画執行であった。

また、一九八四年のフィリピンにおけるアキノ革命は、フィリピンの政情が生み出した一つの必然であっただろうが、台湾にとっては、従来の国民党一党支配体制に風穴を開ける国際環境整備となった。冷戦いまだ継続中の当時、東アジアにおけるアメリカの同盟国、反共の防波堤であるべきフィリピンと台湾において、統治体制が動揺することをアメリカは望まなかった。フィリピンでは、ハードランディングで民主化が進んだが、中国と台湾海峡を挟んで対峙する台湾がコントロールの効かない事態となることは、アメリカにとって悪夢であった。そうではなく、台湾で民主化が政府の制御の下で進展することこそ、アメリカの望むところであった。このため、アメリカは、蔣経国政権に民主化の圧力をかけることになる。

一方、民進党結党を進めようとする党外人士にしてみれば、それまでの国民党政府による逮捕、投獄、さらには怪死の歴史からして、国際環境が変化しても、また、蔣経国政府の対応に変化の兆しが見えても、新党結成が認められるかどうか予測することは困難で、禁を侵しての結党にはリスクが小さくなかった。幸い、準備が秘密裡に進められたおかげで、九月二十八日の結党当日まで、国民党サイドはこの日に党外人士が結党にまで踏み切るという情報を得ていなかった。

実際、年末の国民大会代表、立法委員の選挙の候補者推薦決定のための党外の会議という名目で集まった人々のほとんどは、本当にそれしか考えていなかった。敵を欺くにはまず味方から、である。こうして、秘密は守られたのである。

それでもこの日、民進党結成の中核を担った人々は、自分たちが逮捕されても、怯むことなく次の人々が前進して行くことで、やがてその旗印が台湾の空に翻える時が来るだろう、という悲壮な決意を披歴していた。国民党の対応が苛烈なものとならない保証はなかったのである。しかし、実際には、ひとたび掲げられた民進党の旗は、政府の手で引きずり降ろされることはなかった。

蔣経国の国民党政権は、民進党の結党を黙認し、様子を見た。様子を見ながら、早期に戒厳令を解除する方策を検討していた。つまり、政府側と在野側の、時勢の認識は一致していたことになる。台湾は、一九八六年から政治的変革の時期を迎えたのであった。こうして、一九八七年七月の戒厳令解除の日を迎える。

一九八八年一月、「党禁」に先立って「報禁」が解除され、新たな新聞の発行が可能となった。その三月に台湾を訪れた筆者には、台北市内の街角ごとに、雑誌のスタンド売り屋台が数多くあったことが印象に残っている。それまで、新たな新聞の発行は禁じられていたが、雑誌の発行は可能だったので、党外人士は雑誌を発刊して、誌面を通じて国民党一党支配を批判し、民主化を要求するとともに、雑誌を拠り所にした組織づくりの試みを行っていた。その残照として、この頃でも様々な雑誌が屋台で売られていた。しかし、その光景は、しばらくすると過去のものになっていった。

また、翌八九年には、中国で「六・四天安門事件」が発生した。胡耀邦の追悼を理由に天安門に集まった人々は、しだいに政治改革を要求し、また集まった人々の数は増大を続けた。ちょうど、歴史的な中ソ和解のためにゴルバチョフが訪中したので、世界のマスコミが北京に集結していた。ゴルバチョフ訪中が無事に終わると、中国政府は、事態の収拾に乗り出した。趙紫陽は、集まった民衆の要求に理解を示す口吻だったが、間もなく失脚し、六月四日、鄧小平指導下の共産党政府は、人民解放軍を動員して、天安門広場に集まった民衆を武力で排除した。多数の死者が出るなか、江沢民が新たな指導者として登場した。この一部始終は、北京に集まっていた世界のマスコミを通して、各国にリアルタイムで伝えられた。

このことは、李登輝政権の門出と台湾の民主改革にとって、有利な環境を与えてくれた。国際社会における中国の威信は失墜し、西側各国は中国に対して経済その他の制裁を発動、他方、中国自身は内政問題で手いっぱいとなり、台湾に対して圧力をかける余裕がなくなったからである。しかも、八九年から九一年は、東ドイツ、ポーランド、ルーマニア、その他の東ヨーロッパ諸国民主化の時期となり、それに踵を接して、ソ連が解体して、ロシア共和国を始めとする複数の共和国に分裂した。社会主義圏の民主化が、時代の潮流であった。

八九年末には、党禁解除後、つまり公式に新しい政党の結成が認められてから初の立法院増加定員選挙が行われた。さらに、九〇年に第九代総統の選出が行われた。当時は、国民大会代表による間接選挙とはいえ、蔣経国の急逝で、憲法の規定に従って副総統から総統に昇格していた李登輝を、蔣経国の残任任期を消化するいわば代理の総統から、自前の任期を務める本格的な総統として、国民党が改めて選出するかどうか注目された。

蔣介石とともに中国大陸から台湾に移転してきた、いわゆる外省人グループから候補者を出すのか、それとも、戦前に台湾で生まれ、二十二歳まで日本人として育った李登輝を、そのまま再任するのか、その帰趨は予断を許さなかった。しかし、李登輝は勝利し、二〇〇〇年に総統の座を去るまでに、台湾は民主化を完成し、民進党の陳水扁へと政権交代の舞台を整えることになったのである。

党外から民進党の結党へ

一九四九年十二月に中華民国政府が台湾に移転する時、様々な国政機関は台北市に置かれることになった。臨時の首都としての、台北の歴史のはじまりである。

総統の選出と憲法改正をつかさどる国民大会については、一九四七年の選挙で、中華民国憲法の定める法定数の三千四十五人に対して、二千九百六十二人が選出されていたが、このうち台湾に移転した国民大会代表は、九百八十八名ほどであったと見られる。また、立法院については、一九四八年の選挙で、定数七百七十三人に対して七百六十人が選出されたが、このうち台湾に移転した立法委員は、五百五十名程度であったようだ（松田康弘『台湾における一党独裁体制の成立』五十八〜六十二頁による）。つまり、立法委員については、およそ七十二％が台湾に移転しており、職権行使が可能な状況であった。

その後、中華民国政府の台湾移転後、半年にして勃発した朝鮮戦争の余慶もあって、台湾の中華民国が、中国共産党軍の侵攻を受けることなく存続すると、世界各地に離散した国民大会代表など政府関係者のなかから、台北に居を移す者も出てきた。蔣介石政権は、それを歓迎した。こうして、台北の中華民国政府は、中国を代表する政府という体裁を保つことになった。

しかしながら、立法委員の任期は憲法の規定により三年であって、第一期立法委員は一九五一年五月に任期満了となるが、台湾に移転した中華民国としては、中国全土で第二期立法委員を選挙で選ぶことは不可能である。そこで、立法院自らが任期の延長を議決して、この政府が中国代表であるという「法統」を維持した。また、大法院は、第二期立法委員が全国で選出されるまで、第一期立法委員の任期が有効であると判断した。こうして、理論的には、台湾に退去した中華民国が、再び大陸を支配下におさめ、中国全土が中華民国の統治下に服するまで、立法委員の任期が延長されることになった。蔣介石政権がスローガンとしていた「反攻大陸」「復興中華」は、第一期立法委員の任期を延長し続けるお守り札でもあった。

国民大会代表についても、同様の措置がとられた。

こうして、いわゆる中央民意代表、つまり国会議員に相当する人々は、台湾の中華民国が中国大陸への復帰を果たせないために、任期が延長され続け、事実上の終身議員、いわゆる「万年代表」「万年委員」と化したのである。

これによって、台北の国民党政権、蔣介石政府は、形式上は中国全土を代表する議会をもって運営されているという、いわゆる「法統」を維持し続けた。また、国際社会においては、中華民国が国際連合の原加盟国として、アメリカ、ソ連、イギリス、フランスと並んで安全保障理事会の常任理事国であり続ける一方、毛沢東の中華人民共和国は、国連加盟を果たせなかった。つまり、中国全土の政府から台湾だけを統治する政府に縮小した中華民国が、国際政治の舞台においてはしばらくの間、五大国の一角として振る舞うことができたのである。

しかしながら、このような虚構がいつまでもまかり通るものではない。改選が行われない結果として、国民大会代表も立法委員も、しだいに高齢化することが避けられず、このままでは将来の国民大会も立法院も機能不全になる恐れが出てきた。そこで、現実に選挙を執行できる、中華民国の施政範囲、つまり台湾とその周辺の島嶼を前提に、新たな国民大会代表および立法委員を選出することが考え出された。

これが初めて実施されたのは、一九六九年のことであった。この時点で、第一期立法委員の選出から二十年あまりが経過している。四八年の時点で、最年長は七十二歳、最年少が二十三歳であったから、年長者はすでに鬼籍に入り、年少者も立派な中年になっていた。

この年、十一名の立法委員を補充することとした。無論、一九四八年に選出された立法委員はすべて任期を延長しているから、その改選の形をとることはできない。そこで台湾で選出して補充する議席として十一名を設定した。このとき、中央直轄市としての台北市の他、台湾省を第一区と第二区の二つに分け、都合三つの選挙区を置き、それぞれ定員を三人、四人、四人とした。

国民党としては、各選挙区に定数と同じ三人、四人、四人の公認候補を立てて戦うこともできたろうが、実際には公認候補を八人にとどめ、八人全員を当選させた。逆にいえば、国民党以外の候補者三人の当選を許したのである。国民党の得票率は、およそ七十六%であったから、投票者の四人に一人ほどが、国民党以外に投票したことになる。

戦後の台湾における民主的な選挙は、一九五〇年代から地方選挙としてはじまっていた。そこでは反国民党の候補が当選することもあったから、国政の場に民意を反映させる機会を持つことにしたとき、国民党政権は、議席を独占することで反国民党の政治・社会運動が在野で高まることを忌避して、むしろ反国民党の民意に発露の場を設け、体制内で意思表明させる道を採ったともいえる。

なお、この十一人は、一九四八年に選出された第一期立法委員の補充なので、他の立法委員と同時に任期を終わることとした。つまり、改選されない万年委員を十一名追加したということである。

その後、台湾の中華民国が、大陸中国を再び支配下に納めるチャンスは来なかった。そのようなことは、今後とも実現すると思えなかった。それどころか、一九七一年十月には、中華民国の「法統」にとって重要であった、国連の席を中華人民共和国に奪われることになった。このとき、日本とアメリカは、台湾が国連に留まれるよう最後まで努力し、北京の中華人民共和国と台湾の中華民国の二重のメンバーシップも模索したが、これは実現しなかった。実のところ、国連に北京政府と席を共にすることは、蔣介石政権としては願い下げであった。「漢賊不両立（中国を正当に代表する中華民国と、これに反逆する共産主義者匪賊は、両立できない）」というのが国民党政権の公式の立場であった。

しかも、台湾の中華民国政権にとって、国際的地位の保全における頼みの綱であったアメリカの、ニクソン政権の大統領特別補佐官キッシンジャーが秘密裏に訪中し、米中関係の改善を図るとともに、一九七二年二月、ニクソン大統領は、歴史的な訪中を実現させる。

そうしたなか、台湾では、六月から蔣介石の継子、蔣経国が行政院長に就任した。蔣介石の体調が思わしくないため、表舞台に出ることがなくなり、実質的に蔣経国が台湾の政治を取り仕切るようになる。

この年九月二十九日、北京で、田中首相と周恩来首相の間で、「日中共同声明」が署名され、日本は中国共産党の中華人民共和国との国交をスタートさせて、台湾の中華民国とは国交を断絶させた。それ以来、四十四年間、日本と中華民国の間に公式の外交関係は存在していない。

それでも七二年には、台湾で戦後二回目の立法院の増加補充選挙が実施された。しかも、前回六九年が、わずか十一議席であったのとは異なり、五十一人の立法委員を選出した。しかしながら、このときの制度では、国民が直接投票する区域選出の委員は二十八人で、十五人は総統指名による海外華僑代表であり、さらに国民党の影響力の強い職業代表議員が八人であった。結果的に、国民党以外からの当選者は、区域選出の五人と、職業代表のうち労働者代表の一人という合計六人だけで、海外華僑代表は十五人全員が国民党公認であり、職業代表も八人中七人が国民党公認だった。全体の四十五人、つまり八十％を国民党が占める結果だった。しかし、これも言い換えれば、五十一人中の六人、全体の一割以上を非国民党の立法委員が占めたということである。

ただし、これら五十一人の他に、二百人をはるかに超える非改選の万年委員がいたことを忘れてはいけない。それらはほとんど国民党であるから、立法院全体としては、台湾で選出された非国民党の異分子は三％というところであった。

画期的なことに、このときに選ばれた五十一人の立法委員から、憲法の規定に沿って三年任期で改選されることになった。したがって、次には一九七五年に立法委員増加定員選挙が実施された。このときには、区域代表の定員が一名増加され、全体で五十二名が選出された。国民党からの当選は前回と同じ四十五名だったから、非国民党の当選者がさらに一名加わったことになる。

その次に予定されていた七八年の立法委員選挙は、「国難」によって延期された。国民党政権の後ろ盾というべきアメリカが、七九年一月一日の米中国交正常化を発表したのである。この衝撃で、立法委員選挙は凍結された。

結局、立法委員の改選は八〇年に再開されて、それ以後は、八三年、八六年、八九年と順調に繰り返されていく。

なお、八〇年には区域代表の定員が二十五名増加して五十四名となり、これと合わせて海外華僑代表が二十七名、職業代表が十六名と、それぞれ倍近くになった。全体で九十七名の選出となったが、このうち国民党公認で当選した者は七十九名で、全体の八十一％を占めた。相変わらず総統指名の海外華僑代表は二十七名全員が国民党、職業代表も労働者代表一名を除く十五名が国民党で、そこまで選出数の四十三％を占めている。蔣経国政権は、限定的に民主主義を採用していたのである。区域代表五十四名中では三十七名、つまり七割が国民党で、三割は非国民党であった。得票率で見ると、国民党は七十二％ほどだった。

次の八三年立法委員増加定員選挙の状況も大同小異であった。

三年任期を前提とした立法委員選挙が四回実施されたのち、八六年選挙の準備のタイミングで、八六年九月二十八日、民主進歩党は結党を宣言したのである。

「地方から中央を包囲する」

一九八六年九月二十八日の結党にいたる経緯は、第二章と第三章に譲る。

結党の準備を進めた十人秘密小グループのメンバーは、当時すでに立法委員を務めていた費希平と江鵬堅、張俊雄、監察委員の尤清、国民大会代表の周清玉、台湾省議員であった游錫堃、台北市議員の謝長廷、そして美麗島事件で逮捕、投獄され六年後に釈放された陳菊、学者の傅正、黃爾璇である。

ちなみに、このうち初代の民進党主席を務めたのが江鵬堅であり、後に民進党主席を務めるのが、謝長廷と游錫堃である。また、張俊雄、謝長廷、游錫堃は、後に行政院長、つまり首相を務めている。陳菊は、二〇〇六年から十年あまり高雄市長である。さらに、謝長廷は、二〇一六年の蔡英文政権発足とともに、台北駐日経済文化代表処、つまり実質的な台湾の在日大使館の駐日代表に就任した。

なお、結党後には、十人秘密小グループが、十八人建党作業小グループ（十八人建黨工作小組）に拡大されて、党綱領や党章の起草にあたった。追加された八人は、康寧祥、蘇貞昌、許栄淑、顔錦福、李勝雄、邱義仁、洪奇昌、郭吉仁である。このうち、蘇貞昌は民進党主席の他、台北県長、行政院長を務めたし、邱義仁は、民進党秘書長、行政院秘書長、国家安全会議秘書長、総統府秘書長を務めた舞台回し役である。さらに、邱義仁は、蔡英文政権の発足に伴い、五月二十七日、対日関係機関である亜東関係協会の会長に就任した。

つまり、蔡英文政権では、結党時からの重鎮の二人が、台北の亜東関係協会会長と、東京の駐日代表になっている。

党の綱領も基本政策もないまま結党を宣言した民進党は、十一月一日に党綱領や党章を定め、党としての体裁を整えて、一九八六年十二月の立法委員選挙に臨んだ。これが、「党外」に替えて「民進党」と名乗って参戦した初の選挙である。

十二月六日、立法委員の増加定員選挙と、国民大会代表の増加定員選挙が実施され、民進党は、約二十一％を得票して、十二議席を獲得した。

このときの選出数は百人ちょうど、そのうち区域代表が五十七名、海外華僑代表が二十七名、職業代表が十六名である。そして当選者のうち、華僑代表全員と職業代表の一人を除く十五名、都合四十二名が国民党公認という状況は従前と変わらない。党外として戦った八三年立法委員選挙では、八〇年より若干後退して、区域代表当選者は五名（その他の非国民党が三名）だったが、民進党の看板で戦った八六年選挙では、当選者十二人という倍増以上の成果を上げた（その他の非国民党も九名が当選）。このとき、国民党の得票率は六十七％ほどで、六九年から十七年で十％近く低下して、ほぼ三分の二になった。

いわば民主化の流れが示された立法委員選挙であったが、その結果を見て国民党の蔣経国政権は民主化を押しとどめる策はとらず、翌年七月十五日に戒厳令を解除した。

先述の通り、報禁解除、蔣経国総統急逝、それに伴う李登輝総統就任という激動のうちに一九八八年が過ぎると、八九年、いよいよ党禁も解除され、雨後の筍のごとく多数の新政党が政治の表舞台に登場した。同年十二月三日、意欲満々の多数の政党の参加による立法委員増加定員選挙が、県市長選挙などと同日の、いわゆる「三合一」選挙として実施された。

民進党では、この年六月に、党秘書長の張俊宏が、「到執政之路―地方包圍中央」戦略（張俊宏主編的『到執政之路：「地方包圍中央」的理論與實際』）、つまり、地方から中央を包囲して政権をとる道筋を示した。この構想は、発足してから三年の若い民進党が、これから十二年で政権を執るという意欲的なプランであった。当然、この年の選挙では、立法委員選挙の獲得議席増大を狙うとともに、二十三ある県市の十以上の首長の席の獲得を目指して戦った。地方の首長に当選すると、その地域内の行政権を握ることで、さまざまな政治資源を活用できるようになるし、国民党執政との違いを示すことで、一般有権者の支持を獲得する道になるからである。

結果的に、民進党が獲得した地方は、台北県（尤清）、宜蘭県（游錫堃）、新竹県（范振宗）、彰化県（周清玉）、高雄県（余陳月瑛）、そして屏東県（蘇貞昌）の六ケ所であった。目標には達しなかったが、得票率は三十八％を超え、十分な存在感を示した。

一方、立法委員選挙は、旧制度での最後の選挙となったが、選出数は三十人の大幅増員で、百三十人が選出された。このうち二十九人に増員された海外華僑代表のすべてと、十八人に増員された職業代表のうち十四人が国民党で、ここまでで総選出数の三十三％を国民党が確保している。通常の民主的選挙が行なえる区域代表が八十三人に増えたが、ここで六十一人、全体では百三十人のうち九十四人、選出数の七十二％を国民党が占めた。国民党の一党優位は維持されたのである。

これに対して、民進党は二十一議席を獲得して、立法院での法案提出権を獲得した。得票率を見ると、民進党はほぼ三十％、国民党は五十九％で、初めて国民党が六割を切る結果となった。これ以後、立法委員選挙では、民進党の得票率の逓増、国民党の得票率の逓減が一貫して続く傾向となる。

その後、民進党は、地方首長選挙で、九十三年、九十七年にそれぞれ六県市、十二県市を獲得、中央直轄市の市長選挙では、九四年には陳水扁が台北市長に当選、九八年には謝長廷が高雄市長に当選した。

ところで、一九八九年から十二年といえば二〇〇〇年である。この年、総統選挙で民進党の陳水扁が勝利し、初めての政権交代を実現したことは周知のとおりである。さまざまな要因があったとはいえ、結果的に民進党は中央から地方を包囲し、八九年から十二年で政権をとったのである。

中華民国の台湾化

さて、九〇年代の台湾は、中華民国の台湾化の時代を迎える。そこでの主役は、民進党というより李登輝総統であった。

最初の山場は、九〇年の二月から三月に訪れる。八八年一月十三日に蔣経国から総統職を引き継いだ李登輝の、総統としての任期は九〇年の五月までだった。これは、八四年に国民大会で選出された蔣経国総統、李登輝副総統体制の下で、蔣経国総統が急逝したとき、中華民国憲法の規程によって副総統であった李登輝が蔣経国総統の残任任期を引き継いだためである。

戦前の日本統治下の日本で生まれ、京都帝国大学に学び、学徒出陣によって帝国陸軍軍人となった経験を持つ李登輝は、国民党政権では異分子であった。なぜなら、国民党政権は、昭和十二年（一九三七）から、中国において帝国陸軍と戦っていた中華民国の政府が、台湾へ移転したものだからである。蔣介石と共に台湾へやってきた国民党および同軍人からすれば、そもそも日本統治の経験を持つ台湾人は旧敵国人であるし、まして帝国陸軍は、敵軍であった。さらに、李登輝には、共産主義を学んだ過去があるが、第二次世界大戦後の国民党政府の正面の敵は、中国共産党であり共産主義者であった。したがって、二重の意味で、李登輝は元は国民党政府の敵であった。

しかし、国際情勢の変化のなかで、「反攻大陸」「復興中華」が空虚な掛け声となった七〇年代以後、蒋経国が実権を握ると、中華民国体制に台湾人を採り込み、台湾の中華民国として生き延びる努力が始まる。そうしたなかで、蒋経国の目に留まり、過去の経歴を承知のうえで、副総統職にまで引き上げられたのが李登輝であった。

蒋経国が、副総統後の李登輝についてどのように構想していたかは知る由もないが、結果的に、副総統職は総統への道となった。問題は、任期満了後である。

当然、大陸から移転してきた国民党、同軍の幹部には、具体的には蒋介石夫人の宋美齢らは、自分たちあるいはその後裔から次期総統を輩出しようとした。それが一九九〇年二月の、いわゆる二月政争である。しかし、一度動きはじめた歴史の歯車を逆転させることはできなかった。このときまでに、立法委員の定期改選が曲がりなりにも五回にわたって実行され、台湾の民意が百三十人の立法委員を通して示されていた。そして台湾住民の多数派は、戦後に大陸から移転してきた人々とその後裔ではなく、戦前から台湾に土着していた人々とその子孫たちである。その台湾人を代表できる李登輝をさしおいて、少数派の中国人を総統に就けることは、動きはじめた台湾の民主化にも、八九年から顕在化していた民主化の世界的潮流にも反するため、不可能だった。

民主化の流れを、さらに後押ししたのが、台北市の真ん中に蒋介石を記念して建てられた巨大な建造物、中正紀念堂の広場に集結した学生たちだった。野百合学生運動と名づけられた彼らは、再選されたばかりの李登輝総統に、万年代表、万年委員たちの退場と、国民大会や立法委員の総改選を含む民主化の要求をつきつけ、憲法修正を議論するために「国是会議」を開催することを要求した。学生代表と総統府で会見した李登輝は、これらの要求を受け入れたのである。こうして、五月二十日に新たな任期をスタートさせた李登輝総統は、憲法外の総統の諮問会議として「国是会議」を六月から開催した。

「国是会議」は、政党代表の他、学術、文化その他を代表する国民各界各層の代表を百五十名ほどを集めて、台北市内の圓山大飯店を会場に、九〇年六月二十八日から七月四日まで開かれた。これは憲法その他の法的裏づけのない、李登輝総統の諮問会議である。しかしながら、国民大会や立法院は、四十年あまり前に選出されたメンバーが多数を占め、しかも、その選出母体はほとんど大陸各地の人々で、時間的にも、空間的にも、台湾の人々の民意を反映しなかったのと比較すれば、国是会議は、一九九〇年の台湾の人々の世論を反映するものであった。そこでは、民進党から参加したメンバーも積極的な役割を果たした。

会議のテーマは、「国会改革」「地方制度」「中央政府体制」「大陸政策と両岸関係」「憲法と動員戡乱時期臨時條款の修正の仕方」という五つであった。会議の結果、動員戡乱時期を終わらせること、つまり、中国との内戦終了の確認、憲法への回帰、つまり憲法で認める人権やその他の規程を遵守すること、動員戡乱時期臨時條款の廃止、二段階方式による憲法修正、「中華民国憲法増修条文」の名称で憲法を修正することなどである。

総統の選出方法については、従来の国民大会代表による選出に替えて、民選方式を導入することで一致したものの、国民直接投票方式か、国民が選出した代表による間接選挙方式かについては、両論併記にとどまった。

憲法修正の二段階方式とは、第一段階では、国民大会代表、立法委員などについて、万年代表、万年委員を引退させて、現在の台湾の民意を代表する人々を総選挙で選びなおすための憲法修正に止め、そして、民主改革の中身については、新たに選出された立法委員で審議し、国民大会で認めて、第二段階の憲法修正として実現させるということである。

これに基づいて、九一年末には、主として大陸中国各地で選出された第一期国民大会代表、第一期立法委員はすべて歴史の舞台から退場させられ、台湾の人々の手で、現に台湾に居住している人々を中心に、新たな国民大会代表が選出された。翌九二年には、立法委員も総改選が実施された。

九三年は県市長と県議会、市議会議員の改選、九四年には中央直轄市である台北市と高雄市の市長と市議会議員、そして中華民国からその二市を除いた残りほぼすべてである台湾省の省長と省議会議員の選挙が実施された。それ以前には、中央直轄市は台北市だけであり、しかも現職市長の黄大洲は、政府の任命で決まっていて、市民による選挙を経ていなかった。

そして九五年は第三期の立法委員総選挙である。

これら一連の選挙のクライマックスが、九六年三月の総統選挙であった。

九一年以来、李登輝総統主導で進められた憲法修正は、九〇年の「国是会議」の合意事項を一つ一つ実行するもので、それは台湾の民主化のプログラムであった。九一年から九六年に実施された一連の選挙は、このプログラムを着実に実施したものである。それは、毎年毎年、六年にわたって台湾全土で選挙戦が繰り広げられるということでもあった。

九〇年の国民大会による総統選出の際に、国民党政府を守る万年代表のなかでは、民進党の国民大会代表は、大海に浮かぶ藻屑のようなもので、なんの存在感も示せなかった。しかし、九一年から毎年繰り返された民主化完成のための選挙は、民進党が中華民国体制に根を張るためのチャンスを提供した。

六年連続の全国的選挙は、民進党にとって六年連続六回のチャンスを意味した。

李登輝政権は、中華民国の民主化、台湾化を着々と進めたが、国民党としては政権を手放す気は毛頭ない。本来、民主化は、政権交代の可能性を意味するが、国民党としては、民主化を進めながら、一九四九年の台湾移転以来の国民党政権を永続させようとして、長年の間に培った中央、地方の行政機関、財界、社会団体のネットワークを選挙のためにフル稼働させた。投票日に向けて候補者が主催する選挙集会は、小学校の校庭を使った百卓、二百卓規模の大宴会となり、選挙事務所は訪れる有権者への供応に明け暮れ、時に現金が飛び交った。この手の活動では、資金に恵まれた国民党に民進党が敵うはずがない。

しかし、支持者が結集する造勢会では、民進党も負けてはいなかった。一ヶ所あたり、数千人ではなく、数万人、さらに数十万人規模の大造勢会が、台湾各地で連夜にわたって開催された。そこには集まる人々を目当てに、祭りに屋台が集結するように、多数の屋台が出され、食べ物、飲み物、そして選挙グッズが売られた。台湾中の街路は、選挙時には、候補者の旗で埋め尽くされた。そこに、国民党と民進党の差はなかった。

各地の支部が中央からの指示に従って、忠誠心を示すため、支持者が大型バスで動員される国民党の集会には、数時間続く野外の集会場に無数のプラスチックの椅子が用意されていたのと違って、手弁当、自らの足で集まる民進党の集会では、多くの支持者は地面に座るか、あるいは文字通り立錐の余地がなく、立ったまま声をからして候補者に「凍蒜！　凍蒜！」の声援を送った。ちなみに、「凍蒜」は、台湾語で「当選」という発音を、同じ音になる標準中国語の漢字表記で表したもので、文字に意味はない。要するに、中華民国の台湾化は、選挙集会では標準中国語ばかりではなく、しばしば台湾語が用いられたということである。

戦後の中華民国の学校教育は、日本語とともに台湾語を教室から徹底的に排除した。行政においても、公式の式典、公共放送においても、すべては標準中国語、つまり「国語」が用いられた。しかし、有権者の気持ちを惹きつけ、投票を促すとき、感情に訴える力の強い言語が用いられることになる。このため、もともと台湾人意識を基礎とする民進党の集会で台湾の最大多数派、福佬人の母語である台湾語が多用されたのは当然として、国民党の集会でも、その場に応じて、台湾語も使われれば、客家語も、原住民語も使われたのである。

毎年繰り返される選挙運動は、台湾語の社会的地位向上にも役立ったわけだ。台湾南部では、日常会話に台湾語が多用されていたが、台北など政治、行政、経済の中心では、「国語」が通常用いられていた。しかし、大陸からきた国民党員、あるいはその子孫は、例え故郷が台湾語の福建省でなくても、当選するために、台湾の庶民に訴えかけるために、わざわざ台湾語を学ぶことが珍しくなくなった。テレビ、ラジオ、そして学校教育でも、台湾語も用いられるようになった。これは、言語における中華民国の台湾化であった。

陳水扁民進党政権の誕生

九六年の総統選挙をもって、言ってみれば上は総統から下は町村議会議員に相当する郷鎮議員まで、すべての民主化が実現した。しかし、毎年恒例となった台湾の選挙はこれで終わったわけではない。九七年には、県市長と県市会議員選挙、九八年には、立法委員選挙と台北市および高雄市の市長、市議会議員選挙が行われた。

しかし、このとき、九四年には実施された台湾省長、省議会議員選挙は行なわれなかった。中国全土を前提とする中華民国体制では、全国各地の省の一つとして台湾省があるので、台湾省長も省議会もあって当然であるが、中華民国そのものがほぼ台湾省と同義となった今日、中央政府と台湾省の領域はほとんど同じになってしまった。そうすると、中央政府の行政院、立法院と別に台湾省政府と省議会を置くのは重複であって、非効率だから廃止すると李登輝政権は決定し、それを実行したのである。

ところで、地方から中央へという民進党の政権戦略において、重要な意味を持ったのは、九四年の台北市長選挙で民進党の陳水扁が当選し、九八年の台北市長選挙で落選したことであった。

かつて台北市長が民選であった時代もあるが、六〇年代後半以来、台北市長は中央政府の任命職であった。それが、李登輝民主改革の一環として、台北市民の選挙で台北市長が選ばれることになったのが九四年であった。このとき、国民党は、官選の現職市長・黄大洲をそのまま公認候補とし、民進党は、台北市議会議員から立法委員になっていた陳水扁を公認候補とした。

ところで、この前年、国民党非主流派の、戦後に大陸から台湾へ移転してきた国民党員の二世政治家が、国民党を離れて新たな政党、中国新党（以下、新党とする）を結成していた。九〇年以来、李登輝総統が進めた、中華民国の台湾化路線に反対して、大中華を統治する国民党の年来の主張を尊重する政党であった。その新党の二枚看板が、趙少康と王建煊であった。

結党間もない新党は、若手政治家として一般の人気が高かった趙少康を台北市長選挙の候補に据えた。この結果、首都台北市の顔を決める市長選挙は、黄大洲、陳水扁、趙少康の三つ巴の戦いとなった。もともと、台北市には一九四九年前後に大陸から台湾へ移転してきた中華民国政府、軍関係者やその係累、その子孫が多く居住しているし、結成されたばかりの新党は、元は国民党だから、台北の国民党支持者の中では黄大洲より趙少康支持の声が高かった。

しかし、首都で国民党の分派が市長の座を射止めることは、李登輝国民党には大きな打撃であり、李登輝総統が進めてきた、台湾の現状に合う中華民国統治、つまりは中華民国の台湾化に対する、国民党支持者からの批判となる。また、国民党の李登輝支持者、つまり、土着台湾人派からすれば、趙少康よりは「台湾の子」である陳水扁のほうがましであった。それで、台北市長選挙終盤には、国民党の台湾派は、もはや勝てないことが明らかな黄大洲を棄てて、陳水扁を支持しようという「棄黄保陳」、つまり黄大洲を棄てて、陳水扁を支持する声が湧き出した。実際、どこからともなく送信された「棄黄保陳」を促す怪FAXの現物を筆者は見たことがある。

その結果、国民党の黄大洲が得票率二十五・八九％、民主進歩黨の陳水扁が四十三・六七％、新党の趙少康三十・一七％で、陳水扁が勝った。同時に行われた市議会議員選挙で、国民党は三十九・一％を得票しており、民進党は三十・一％だから、国民党支持票のうち十五％近くが、「棄黄保陳」を実行した可能性がある。

九〇年代にはこのように、政党帰属意識より、「族群帰属意識」つまりエスニックアイデンティティが選挙結果を左右する事例が多く見られる。

なお台北市は、他の県市とは異なり、高雄市とともに中央直轄市、正しくは行政院院轄市であって、その市長は行政院院会、つまり閣議に出席する権利を持つ。陳水扁が台北市長に当選したことによって、民進党は、メンバーの一人が閣議に出席する権利を獲得したのである。

戦後一貫して国民党市政が続いていた台北は、陳水扁市長の登場で大きく変わった。一言でいえば、行政が主役の市政から、市民へのサービスのための市政への転換を進めたことである。

その結果、九八年の台北市長選挙では、高校生で陳水扁支持者という者が少なくなく、陳水扁を戯画化したキャラクター商品、シンボルとなったニット帽の「扁帽」や肩掛けバッグその他が選挙事務所ならぬショップ「扁帽工廠」で飛ぶように売れ、これを身に着けた若者が台北の街にあふれた。また、ネット選挙が本格化したことも印象的だった。

しかし、前回の国民党分裂選挙での敗北を反省した李登輝政権は、李登輝総統自ら先頭を切って選挙運動を展開した。李登輝総統は、選挙の大集会特設の壇上で国民党候補の馬英九を隣において、いわゆる本省人、すなわち原住民、四百年前からやってきた福建省出身の最大多数派である福佬人、その後に広東省から来た客家でも、そして戦後に大陸各地から来たいわゆる外省人でも、早く台湾に来たか遅く来たかに関係なく、台湾の水を飲み、台湾のコメを食べて育った者は皆台湾人、あるいは「新台湾人」であると述べた。馬英九はこれに応えて「そうです、新台湾人です」と応じた。また時には、李総統自ら原住民の衣装を着て、台湾人としての結束を訴えた。

ハンサムな風貌とクリーンなイメージの馬英九は、タレント的人気もあり、国民党の総力を挙げた支援で、陳水扁人気に十分以上に対抗した。一方、新党は四年前のブームが峠を越していた。このため、クリスチャンで人格者、「王聖人」とも呼ばれ、新党の二大看板の一人であった王建煊が新党の候補者だったが、二大政党の狭間で存在感を示すことが困難だった。

そこで、四年前の「棄黄保陳」に替えて、「棄王保馬」の動きが新党支持者に生まれた。つまり、香港生まれで、両親が蔣介石とともに台湾へやってきた外省人である馬英九は、新党支持者にとっても支持しやすい存在なので、台南の土着台湾人である陳水扁市政が続くより馬英九がよいということで、王建煊に代えて馬英九を支持するということである。

その結果、前回六十一万五千票で当選した陳水扁が、今回は六十八万八千票に得票を伸ばしたが、七十六万六千票、五十一％あまり得票した馬英九に敗北した。新党の王建煊は、わずか四万四千票、得票率三％を切って、供託金没収の大敗となった。

同日で行われた台北市議会議員選挙で、新党は二十七万票あまり、十八・六％を得ていることからすれば、市長選挙で「棄王保馬」の影響は明らかである。新党支持者のうちあと二十万人が王建煊に投票していれば、陳水扁市長は再選されたであろう。

敗北が決定したとき、陳水扁選挙事務所前に集まっていた民進党支持者たちは、涙ながらに「陳水扁総統！　陳水扁総統！」と叫んだ。台北市長の座を滑り落ちたが、それなら二〇〇〇年に予定される総統選挙に出ればよい、という支持者からのメッセージだった。たしかに、このとき台北市長に当選していれば、陳水扁は任期半ばとなる二〇〇〇年総統選挙の民進党公認候補にならなかったかもしれない。

さて、二つの台北市長選挙の間に、九七年に台北市と高雄市を除いた台湾全土二十三の県市長選挙があった。有権者総数千百八十万人あまりの全国規模の選挙で、過半数の十二の県市で民進党が勝利した。もともと、民進党は台湾島の中央を東西に流れる濁水渓より南、台湾南部で強い政党とされてきたが、北部の基隆市、新竹市でも民進党の市長が誕生した。全国七つの県市で、国民党市長が民進党市長に置き換えられた。その逆は、離島の澎湖県だけである。流れは、国民党から民進党へ向かっているようだった。それだけに、九八年の台北市長選挙での陳水扁の敗北は民進党支持者にはショックだったのである。

さて、二〇〇〇年の総統選挙の前哨戦は、九九年春にははじまった。四月十五日、民進党では、公認候補選出のための予備選挙を実施した。候補者は陳水扁の他、元の党主席である許信良と、九六年の総統候補であった彭明敏である。投票の結果、五十八％を得た陳水扁が民進党公認候補に決定した。民進党・陳水扁陣営としては、九八年台北市長選挙の鬱憤を晴らすかのように、盛り上がりを見せていく。

国民党では、現職の副総統で行政院長も務めた連戦が、七月の党大会で公認候補に順当に選出された。このとき、九八年に台湾省長を降りた宋楚瑜は特別なアクションを起こしていない。しかしその後、国民党公認を得ずに、無所属での総統選挙立候補を決断した。

宋楚瑜は、九四年の台湾省長選挙では五十六％、四百七十二万票を得て大勝した実績と、省長時代に培った全国的知名度があり、国民党系支持者のなかで期待感も大きかった。また、総統選挙に無所属で立候補するためには、有権者の一定数の署名が必要であり、宋楚瑜は秋から台湾全土で署名活動を展開して、一一月六日に百万票を超える署名を届け出た。この署名活動自体が、総統選挙本番に向けて宋楚瑜陣営の勢いをつけることになったのである。

こうして、国民党の連戦、民進党の陳水扁と無所属の宋楚瑜の三つ巴となった二〇〇〇年総統選挙は、あたかも九四年の台北市長選挙のように、国民党公認の連戦が世論調査で常に最下位となり、民進党の蔡英文と無所属の宋楚瑜との争いという様相となった。

二〇〇〇年三月十八日の投票は、民進党の陳水扁が四百九十七万票、三十九・一％で、宋楚瑜の四百六十六万票、三十六・八％に三十万票の差をつけてトップとなり、台湾の歴史で初めての国民の選挙による政権交代が実現することになった。国民党の連戦は、わずか二百九十二万票、二十三・一％で第三位であったから、元来の国民党支持者から陳水扁にも票が流れたとみられる。宋楚瑜の支持票は、ほとんどがもともと国民党支持者によるものであるから、本来あるべき国民党の票が、宋楚瑜と陳水扁の両者に流出したことになる。

ところで、宋楚瑜と連戦の票を合わせれば、およそ六十二％、七百五十八万票であった。つまり、民進党の陳水扁は、国民党の分裂のおかげで当選を勝ち得たのであった。

民進党初の執政

陳水扁政権は、民進党支持者の大きな期待のなかでスタートしたが、当初から政局運営は困難を極めた。陳総統自身が四十％以下の得票での勝利だったが、立法院で民進党は過半数を持たず、議会の第一党ですらなかった。このため、陳総統は国民党の唐飛を行政院長、つまり首相に任じて、野党の協力を得て議会を乗りきろうとした。しかし、第四原子力発電所の建設問題で、建設反対の民進党と推進派の唐飛では意見が合わず、政権発足四ヶ月あまりで唐飛が辞任した。

この年の立法委員選挙で議席を伸ばした民進党は、議会の第一党にはなったものの、過半数には程遠く、議会運営に苦しむ状況は二期八年の間、変わることがなかった。つまり、結党十四年で政権についた民進党は、きわめて順調に政権への道を歩んだようだったが、一国の政府を担うだけの準備に欠けるところがあり、政府として大きな成果を挙げることが困難だった。陳水扁政権の最大の功績は、台湾で初の政権交代を実現したこと、そして八年間政権を維持してみせたことにある。八年間続いたことで、国民の意識、とりわけ官僚の意識を変えることができた。また、外国の人々の台湾認識にも多大な影響を与えることになった。

陳水扁政権ができるまで、台湾では政権は変わるものだという意識がなかった。将来のエリートは、高校生か大学生で国民党に加入し、政権に忠誠の姿勢を持つ。官僚の多くは国民党に入党して、それが当然だと思っていた。政治的中立など、意識されなかった。しかし政権が変わるもので、それも八年続くとなればそうはいかない。政権交代の度に官僚が所属政党を変えるわけにはいかないから、政治的中立の意味を理解する。

中華民国では、軍はもともと国民党の軍であって、国家の軍ではなかった。これも政権交代のために意識変革が必要になった。軍の最高指揮官は総統である。国民党の軍が今や民進党の陳水扁を司令官として仰いでいるのである。

しかし、軍、公務員、特に情報関係と公安関係はなかなか人員の入れ換えが進まず、意識変革も容易ではなかった。

ところで、陳水扁政権の施策で重要だったのは、台中関係の見直しと、台湾人アイデンティティーの拡大深化であった。

李登輝時代においても、国民党政権は、中華民国憲法に基づき、中国を代表する政権としての建前は維持した。台湾海峡を挟んで、対峙する台湾と中国を、公式には中台関係と呼んではならず、台湾海峡両岸の関係、つまり「両岸関係」と呼ばなければならなかった。中台関係というと、中国と台湾が別々の実体として、それも対等の実体として存在することになるからである。中国はそれを絶対に認めないし、台湾も認めなかった。

一九九九年七月、李登輝総統が両岸を「特殊な国と国との関係」と言っただけで、予定されていた中台間の協議ができなくなってしまった。そういう敏感な問題であった。

しかし、陳水扁は李登輝の発言を一歩進めて、二〇〇二年八月、両岸を「一辺一国」と表現した。それぞれ別の国ということである。実際、一九四九年以来の現実は、それぞれ別の国であるが、双方がそれを認めてこなかったのである。このため、他国も、中台をそれぞれ別の国として扱うことができなかった。当事者が怒るからである。

日台関係においても、台湾と中国が双方とも中国の代表を名乗り、相手の存在を否定すると、それぞれを国と認めて外交関係を結ぶことが不可能になる。日本は、一九七二年九月まで台湾の中華民国と外交関係があって中華人民共和国とは国交がなかった、だが日中共同声明を境に、今度は中国と国交が結ばれ、日台関係は断絶した。

こうした意識は、陳水扁政権によって変わりはじめた。陳水扁は中華民国の総統であり、中華民国憲法を遵守するが、台湾が中国だとは考えていなかった。だから、正名運動を展開した。台湾を正しく台湾と呼ぼうというのである。中国とか中華という名称をできるだけ変えようとした。蔣介石個人に因む名称も変えた。桃園の国際空港は、蔣介石の号である「中正」国際空港だったが、桃園国際空港になった。中正紀念堂は台湾民主紀念館に変えられた。台湾の中国石油は中油に、中華郵政は、台湾郵政にかえようとした。

日本でも、それまで台湾との関係は日華関係と称され、わが日台関係研究会も、当初は日華関係研究会だった。これは陳水扁政権期に変えられ、二〇〇八年に国民党政権が返り咲いても、戻ることはなかった。わずか十五、六年前まで日本に多数あった日華関係団体は、ほぼ日台関係団体となった。八年という歳月は、こうした意識変革を成し遂げ、定着するのに十分な時間だった。

九〇年代半ば、李登輝政権後半には教育の台湾化がはじまったが、陳水扁政権はこれを定着させた。孫文の三民主義は大学入試の必須科目から外され、台湾の学校では、祖国の歴史として台湾の歴史、祖国の地理として台湾の地理が教育されるようになった。

これは当たり前のことのはずだが、戦後五十年間、中華民国では、国史は中国史、我が国の地理は中国の地理だった。中華民国で一番高い山はヒマラヤ、長い川は揚子江だった。つまり、中国人教育だった。これが台湾人教育に変えられた。

以上のような変化から二十年が経過した今日、台湾で三十代までの人々は台湾人教育を多少にかかわらず受けている。四十代から上は中国人教育だった。そして中国人教育は反日教育でもあった。

これらの台湾化は、紛れもなく陳水扁政権の政治的実績である。今日の若い台湾人は、ことさらに台湾独立を叫ばない。物心ついたときから、台湾は台湾だと思って生きていて、中国だとは思っていないから、改めて台湾がどこかから独立しなければいけないと思わないのである。つまり、自分は台湾の台湾人だと自然に思っている。こうした世代を「天然独」と呼んでいるが、この世代を産んだのは李登輝政権、育てたのは陳水扁政権である。しかし、台湾の人々が自分たちの故郷を愛し、台湾の歴史や野山に誇りを持ち、台湾人意識を深めることは、そもそも人間の自然であろう。民意に基づく政治、社会が発展すれば、台湾人アイデンティティーの深化は不可逆的である。

馬英九政権末期、台湾の教育カリキュラムを再び中国化しようと試みたが、高校生が反対運動を繰り広げて、とうとう実現しなかった。

この他、陳水扁政権期の政治的成果として、国民投票の実施がある。台湾において国民投票は、第五章に詳述しているが、二〇〇三年十一月に成立した「公民投票法」によって、二〇〇四年三月と、二〇〇八年一月と三月の、都合三回実施された。

これらは、無論、国民の意識を直接に問う、直接民主主義の手法であるが、台湾では、むしろ立法院において少数与党である民進党政権の、政局を主導するための政治手法として使われたことは否めない。つまり、立法院で過半数の議席を持たない民進党政権は、一つの法律を通すことも容易ではなかったから、重要な政治課題を国民投票に問うことで、民意の後ろ盾を得て、野党多数の立法院を乗り切ることが一つの目的であった。

それればかりではなく、三回の投票は、総統選挙あるいは立法委員選挙で、民進党への支持を結集させるための手法としても用いられた。

国民投票の議題となった、「中国の軍事的脅威に対抗して、政府が防衛措置を強化すべきかどうか」については、強化することが当然であり、「国民党の不当な党資産を追求する」ことも、当然であり、また、「台湾が国連に加盟すること」も、普通の台湾人であれば反対しないだろう。つまり、二〇〇四年から二〇〇八年に民進党が提示した国民投票の課題は、いずれも普通の台湾人が賛成するはずのものである。これを国民投票に付すことで、有権者を投票所に動員し、国民投票に賛成票を入れてもらいながら、これを提案した民進党に支持を表明してもらおうということである。

あるいは、国民党の党資産問題を国民投票に付すためには、第一段階と第二段階の署名活動が必要だが、これには半年以上の月日が必要になる。つまり、総統選挙あるいは立法委員選挙に先立って、敵対する政党を半年以上にわたって攻撃し続け、署名集めのために、庶民にそれを訴え続けることができるのである。

実際には、三回の国民投票で、それぞれ二つの課題が示され、都合六つのテーマについて国民の意思が問われたのだが、そのいずれもが投票者の中では圧倒的過半数の賛成を得ながら、投票率が五十％に到達しなかったため、国民投票の成立要件を満たせず、廃案となった。

ところで、陳水扁政権は二期目の後半になると、総統の女婿・趙建銘の汚職、総統夫人・呉淑珍のそごうデパート商品券問題、総統府の機密費問題その他、総統の周辺で疑惑が噴出し、陳水扁総統の支持率は低下していった。ついには、国民党と親民党の賛成により、立法院で総統不信任決議案が提出されるにいたったが、三分の二の賛成という関門を突破できず、不信任決議は効力を持たなかった。このような事態にいたって、元民進党主席の施明徳が「百万人民倒扁運動」をはじめ、陳水扁総統の自主的辞任を求めた。

こうしたなかで、民進党は反陳水扁の街頭活動に対抗するために、不当な国民党党資産を追求する国民投票を発動しようとし、そのための署名集めを開始したのである。国民党はこれに対抗して、陳水扁総統の政治的決定および総統周辺の汚職を追求するために、別の国民投票を実施しようとした。これらの国民投票は、純粋に民意を問うというより、進行中の政局を自分の党に有利に転換するための梃子として使われたのであった。

いずれにしても、二〇〇八年三月総統選挙は、一月の国民投票と立法委員選挙の余韻と、台湾の国連加盟を問う新たな国民投票をめぐる与野党激突のなかで、投票が行われることになったのである。

馬英九国民党の復権と台中接近

二〇〇八年には、陳水扁は二期の任期満了で出馬しないので、民進党からはかつての副総統候補であり行政院長経験者の謝長廷が公認候補となり、国民党からは次世代のエースと目された馬英九が立候補した。事実上、二大政党の一騎打ちとなった総統選挙では、台湾の選挙史上最高となる七百六十六万票、五十八・四五％を得票した馬英九が、謝長廷に二百二十万票の大差をつけて当選した。

同時に行われた立法委員総選挙でも、国民党が得票率五十三％で、百十三議席のうち八十一議席、つまり七十一％あまりの議席率で圧勝した。民進党は、得票率では三十八・六五％と善戦したが、獲得議席は二十七議席にとどまり、議席率では二十四％を切って大敗した。

この選挙では、前回までの中選挙区ベースの選挙から、小選挙区比例代表制に制度が変えられていた。

これ以前に、国民党からは新党と親民党が分裂しており、民進党と支持層が重なる可能性のある台湾団結連盟も生まれて、それぞれ立法院で議席を獲得していた。中選挙区制では、同一選挙区に同じ政党から複数の候補者が立てられ、しかも同時当選を目指して複雑な選挙戦が戦われることになる。その点、小選挙区制では、各選挙区に一政党で一人しか公認候補を立てないので、政党間の政策の戦いになり、また地域に比較多数の勢力を持つ大政党が有利である。比例代表制では、小政党も議席を獲得できるが、最低得票率要件を課すと乱立を防げるし、小選挙区で議席をとる大政党は比例区でも一定の議席を取るので、結局、大政党が合計議席数を増やすことができる。

小選挙区では、二大政党以外が議席を獲得することは困難だから、小選挙区比例代表並立制で、しかも小選挙区議席の比率が高い選挙制度は、実は、二大政党がそれ以下の政党の勢力をそぐのに使いやすい。しかも、二大政党でも、民意の趨勢が極端に反映するのが小選挙区制なので、良いときは大勝するし、悪いときは大敗する。予想外の大差で政権交代が起こるのが小選挙区制である。二〇〇八年立法委員選挙は、国民党の大勝と、民進党の大敗、そして親民党や新党、台湾団結連盟が壊滅的打撃を受けるという結果となった。

二〇〇八年五月に国民党の馬英九政権が発足すると、中台関係は陳水扁政権時代の緊張状態から一変して、蜜月状態となり、人的交流と経済交流が一気に進むことになった。

国民党政権期から陳水扁の民進党政権まで、台湾と中国との間では、航空便であるか船便であるかを問わず、直航は禁じられており、相互に行き来するには、香港や石垣島などの中継点を経由しなければならなかった。また、ビジネスや学術交流などで、個別の許可を得ない限り、中国人が台湾を訪問することはできなかった。

一方、台湾人の中国訪問、台湾企業の対中取引は、李登輝時代の「戒急要忍」政策から、陳水扁政権期には、「積極開放、有効管理」へと変わっていた。これを決めたのは、蔡英文が主任委員を務める行政院大陸委員会であったが、要する、陳水扁政権下で対中ビジネスは拡大の途にあった。

それがさらに、馬英九政権発足直後の六月には、中台交渉の結果として、一週間に二千人の観光客を台湾が受け入れることとなった。この枠は、しだいに拡大され、二〇一五年には、一日一万四千人にまで拡大した。

また、中台双方の代表による、一年に一度ずつの相互訪問が定例化された。もとはといえば、二〇〇〇年に続いて二〇〇四年にも総統選挙で敗北した国民党の連戦が、二〇〇五年四月末から、国民党主席として初めて訪中し、胡錦濤と会談したところから、台湾の国民党と中国共産党との交流がはじまった。その後、馬英九国民党政権の誕生で、国民党と共産党の交流は、台湾と中国の政府間の協調を意味するようになったのである。

ところで、中台関係緩和の前提は、いわゆる「九二年のコンセンサス」であった。これは、台湾の海峡交流基金会と、中国の海峡両岸関係協会という事実上両国を代表する「民間団体」のトップ会談を開催する前提として、九二年に双方が合意したとされる事項である。馬英九政権の主張では、それは「一つの中国」を認めることと、そこでいう「中国」が何を指すかは台湾と中国とで異なっていてかまわないという合意ということである。つまり、台中双方は、「一つの中国」を認めて、その上で台湾は、その「中国とは中華民国」と主張するが、中国は「中国とは中華人民共和国」だと主張する。しかも、その食い違いは承知の上で中台のトップ会談を行う、ということである。

しかし、これは「合意がないという合意」であって、相違を無視して会談開催の実利をとったにすぎない。それにもかかわらず、馬政権はこれを「九二コンセンサス」と称した。このとき、中国側も「九二コンセンサス」を相互交流の前提と認めたが、中国は「一つの中国」を認めたうえで、「中国」とは中華人民共和国だと主張していて、台湾が「それは中華民国だ」と主張することを認めてはいないのである。

したがって、「九二コンセンサス」を前提に中国と交流するといえば、台湾は「一つの中国」原則を認めるだけではなく、やがて「そこでいう中国とは中華人民共和国である」という主張にも、台湾は合わせなければならなくなる。中国は、中華民国の存続を決して認めないからである。中台相互関係が深くなるほど、台湾は中国の主張を否定できなくなってしまう。

馬英九政権の発足から二年後の二〇一〇年六月には、中台間でＥＣＦＡ（経済連携枠組協定）が締結され、相互の市場開放が急速に進むことになった。貿易品目全体の合意にいたらずとも、アーリーハーベストの規程があり、合意が成立したところから、個別早期に市場開放を実施する方式をとった。

また、李登輝政権でも陳水扁政権でも、台湾の国際生存空間拡大を目指して、太平洋の小国など様々な国に対して、多額の経済援助をしながら国交を維持、拡大しようとした。しかし、この方式では、中国と台湾の間で国交相手国の争奪戦が展開されることになる。経済援助はしだいに高額となり、国交は安定しないことになりかねなかった。これに対して、馬英九国民党は、中国側の台湾に対する要求である「一つの中国」原則を認めることで、中台関係を緩和して、中国の容認の下で、国交国の現状維持を図った。馬英九は「活路外交」と称して、その成果を誇ったが、国交国は二十二のままで、増えることはなかった。

しかし、中国は、台湾の国際組織への参加についても、一定の範囲で許容する姿勢を見せ、世界保健機関（ＷＨＯ）の年次総会（ＷＨＡ）に、台湾の代表がオブザーバーとして参加することが認められた。しかし、参加の可否は中国の胸先三寸であり、中国が拒否すれば、台湾はいつでも排除される状況であった。

つまり、中国は、台湾が国際社会で政治的な生存空間を拡大することに否定的であった。また、国連のその他の諸機関への参加は拡大されなかったし、スポーツ交流においても、国家として認識されるような名称の使用は認められなかった。その代わりに、Chinese Taipeiなどの、中国の一部であると見なされる呼称の使用を強制された。

たしかに、二〇〇八年にはじまった中台関係緊密化には、直航の許可で、中台間の行き来が簡単になり、商品の輸出入が容易となり、また台湾を訪れる中国人観光客が増加して、台湾の景気を押し上げる効果があった。しかしながら、団体客は、中国企業と組んだ一部の会社だけが取り扱い、宿泊するホテルも、立ち寄るレストランや観光地、買い物する店舗も、一部のグループ企業に独占されて、一般の台湾の商店やバス会社、ホテルにはメリットがなかった。つまり、中国と結託している政商が利益を上げているだけで、一般の台湾人には恩恵が回ってこなかったため、しだいに一般の台湾人の不満が高まっていった。

さらに、中台関係の接近の結果として、多くの台湾人が中国に常駐して業務に従事し、さらに、多数の中国人観光客の来訪によって、中国人との接触が急増した結果、台湾人の間で、自分たちと中国人とは違うという認識が広まった。

一九九一年以来、定期的に同一項目で世論調査を継続してきた国立政治大学の選挙研究センターの発表では、二〇一五年には、自己のアイデンティティーを「台湾人」とする者が六十%を超え、「台湾人であり中国人でもある」とする者が三十%であるのに対して、「中国人である」とする者はわずかに九%だった。

つまり、中国人との接触の増大の結果、台湾では台湾人アイデンティティーが広がって、これ以上の中台接近を望まない世論が高まったのである。また、このまま経済的に中台接近、融合が進むと、台湾が中国に吸収されるのではないかと危惧されるようになった。

「ひまわり学生運動」と統一地方選挙

二〇一三年六月には、中台関係をさらに緊密化させる合意として、両岸サービス貿易協定が調印された。同協定では、商品の輸出入に加えて、金融、マスコミ、サービスなどの業務をも中台が相互に開放することが定められた。しかし、銀行業務などの開放は、資金規模で台湾の銀行をはるかに上回る中国の銀行が台湾に進出することを意味するもので、出版の分野で直接に中国企業が参入できることになると、情報や金融において台湾企業の存立基盤を揺るぎかねないと危惧された。

馬政権は、この協定で中国が台湾に対して参入を認める分野の方が、台湾が中国の進出を受け入れる分野より多いから、台湾に有利な取り決めであると説明した。しかし、台湾の一般世論は納得しなかった。マッサージその他のサービス業務については、相互開放といっても、所得水準が高い台湾人が低賃金の中国に進出するメリットがなく、中国から台湾への進出にメリットがある、などの懸念が表明された。

二〇一四年三月十六日、立法院の委員会で、国民党が審議なしでサービス貿易協定の承認を決めると、立法院周辺には、同協定に反対する学生たちが多数集まりはじめた。三月十八日、一部の学生が立法院本会議場に侵入し、議場占拠をする事件が発生した。

学生たちは、暴動を起こすわけではなく、一部の大学教授たちと協調しながら、IT機器を駆使して、自分たちのアピールを国内外に発信した。立法院の周囲には、学生たちばかりでなく、一般の人々も集結して、サービス貿易協定批准に反対して「退回服貿！」の気勢を挙げた。サービス貿易協定を略して「服貿」といい、「サービス貿易協定撤回！」ということだが、その中国語を聞いた日本人の一部には「ほえほえくま（ホエホエ熊）！」と聞こえたので、かわいい熊のイラストをつけて、「サービス貿易協定撤回！」がネット上で拡散されるという一幕もあった。

立法院占拠は四月十日まで二十三日間にわたった。学生による議場占拠は、普通であれば、警察力などによって短期的に強制排除されるはずである。しかし、この「ひまわり学生運動（太陽花学運）」は、世論の支持が大きかったことに加えて、国民党内の馬英九総統対王金平立法院長の対立が絡んで長期化した。立法院の責任者、国民党の王金平は、前年夏から馬英九と対立して、馬政権によって国民党籍剥奪の処分を下され、訴訟が進められていただけに、馬英九政権批判の学生運動が立法院議場占拠という形をとったとき、王金平はただちに警察力で学生を排除するという対応をしなかったのである。結局、サービス貿易協定の批准棚上げと、台湾政府が中国との交渉を進めるときは、立法院の監督を受けるという、両岸協議監督条例制定などの条件で、学生たちは平和裏に議場から退出することになった。

「ひまわり学生運動」は、馬英九国民党政権の政治手法への不信と、台湾の社会に広がっていた、このままでは台湾の主体性が失われ、中国に吸収されてしまうのではないかという懸念を、行動にして示したものだった。だからこそ、学生たちの行動は一般からの強い支持を獲得したのである。

その後、馬英九政権への不信と、国民党の中台接近路線への批判の強さは、二〇一四年十一月の統一地方選挙の結果に表れた。

十一月二十九日、台湾の六大都市、すなわち台北市、新北市、桃園市、台中市、台南市、高雄市と、その他各県市の首長および議会選挙の投票が行われると、六大都市のうち台北市を含む五つの都市で、民進党および反国民党の無所属候補が勝利し、国民党は、わずかに新北市長の座を維持しただけだった。選挙前には、国民党が四市の首長を握っていたのだから、勢力逆転である。さらに、その六大都市を含む全国二十二県市のうち、民進党公認候補が十三県市、過半数を掌握した。

前回、二〇〇九年の一般の県市と、二〇一〇年の中央直轄市の首長選挙では、合計二十二県市のうち国民党十五、民進党六、無所属一だったのが、二〇一四年には、国民党八、民進党十三、無所属一へと逆転したのである。

蔡英文政権の誕生

統一地方選挙で敗北を喫した国民党の馬英九総統は、責任を負って国民党主席を辞任した。

二〇一五年一月、新たな主席に選出されたのは、新北市長に再選された朱立倫だった。

本来、二〇一五年の国民党主席の選出は、二〇一六年の総統選挙候補の選出と連動するはずだった。馬英九は総統を二期務めたので再選出馬できず、党規約によれば、現職総統は党主席を務めることとされているからである。つまり次期主席は、次期総統と同一人物であることが自然である。しかしながら、統一地方選挙の状況からすれば、国民党の次期総統候補は、総統選挙で苦戦を強いられることが明らかであった。このため、国民党の新主席となった朱立倫は、国民党の再建と新北市長としての職務に専念して、次期総統選挙には立候補しないと明言していた。

一方、民進党では、二〇一五年二月から総統候補者の政権発表会と世論調査を実施して、四月十五日に公認候補者名を発表することとしていた。立候補が予想された顔ぶれは、二〇一四年から党主席を務める蔡英文の他、党主席、台北県長、行政院長を務めたことのある蘇貞昌、現職の高雄市長である陳菊と、台南市の市長を務める頼清徳の四人であった。

しかし、立候補受付期間に届け出をしたのは蔡英文だけで、そのまますんなり四月十五日には蔡英文を公認候補として発表した。今回の総統選挙に向けて、民進党は派閥競争に向かわず、蔡英文を中心に結束したことがわかる。

これに対して国民党では、次期総統有力候補たちは、「火中の栗は拾わない」とばかり立候補見送りを早々に発表した。郝龍斌は、前年の十二月に、副総統の呉敦義も、二月一日には不出馬を表明していた。また、朱立倫は四月十七日に改めて不出馬を表明、立法院長の王金平も五月十五日には不出馬を表明した。つまり、一般に予想された顔ぶれは五月十七、十八日の立候補届出前に全員降りてしまった。

こうしたなか、二月三日に立候補表明をしたのが、立法院副院長の洪秀柱だった。そのまま、立候補に必要な手続きを満たす候補は洪秀柱の外に現れず、洪の資格認定が行われることになった。すなわち、六月十二日から十三日に、三つの世論調査機関で調査をして、支持率三十%を超えるという国民党公認候補の要件を満たして、洪秀柱の資格が認定され、七月十九日の党大会において、国民党公認の次期総統候補に選出された。

しかし、洪秀柱が公認候補となることは、国民党支持者の予想しないところであった。それに順調に選挙準備を進める民進党の蔡英文候補との比較では、どの世論調査でも、蔡英文が洪秀柱をリードしており、例えば九月十五日発表の台湾指標民調によれば、蔡英文の支持率が四十二・六%であったのに対して洪秀柱は十五・二%と、大差がついていた。この数字が発表されると、このままだと同日投票の立法委員総選挙でも、国民党は四十議席を下回り大敗するという予想が国民党内で出はじめた。

そこで、洪秀柱を別の候補者に変えようという「換柱」の声が国民党内で高くなった。そのため、国民党幹部が、何度も洪秀柱に公認辞退を説得しに行ったが、本人には降りる気がなかった。それでやむをえず、「換柱」のための臨時全国代表大会を開催して、全国の代表八百九十一人中の八百十二人の賛成で、洪秀柱の公認は取り消され、朱立倫党主席を国民党公認の総統候補に決定した。

なお、朱立倫は現職の新北市長であったが、市長職を務めながら総統選挙を戦うことは無理であるとして、四ヶ月間市長職を休職して選挙戦に専念することとした。その結果、総統選挙で勝てば良いが、負けた場合には国民党にとって貴重な六大都市の市長職を失わずに維持するために、休職という措置を選択したのである。しかし国民党の措置は、敗北主義的であるとともに、ご都合主義である。

さて、朱立倫は、総統候補になる前の五月に国民党主席の立場で中国を訪問し、習近平国家主席と会談を持っていた。これは、国家の代表としての会談ではないが、中国共産党も国民党も政権与党であるから、党指導者の会談は、国家指導者の会談に準ずるものであった。朱立倫は、台湾が中国との緊密な関係を保つことを、習近平との会談で確認したのである。

また、公認候補となって間もない十一月十日から、朱立倫はアメリカを訪問して、人脈づくりを試みた。しかし、総統候補差し替え後の急な訪米で、準備不足の感は免れがたかった。

一方、蔡英文は、二〇〇〇年から二〇〇四年の第一期陳水扁政権において、大陸委員会主任委員（閣僚）を務めたとき、対中政策の責任者として「一つの中国」原則を拒否した当事者だった。しかし、今回の総統選挙においては、蔡英文は、両岸関係についてはひたすら「現状維持」を主張した。「現状維持」とは、あえて中華民国憲法の改正や国号の変更といった、台湾の現状を変える主張を行わないことである。

また、蔡英文は、早くから米台関係を重視して、準備を進めた上で、五月末から十日あまり訪米していた。その結果、訪米時には大統領官邸に招じ入れられ、国務省をも訪問して、アメリカ政界の要人たちと会談を持つことができた。また、アメリカの要人たちからは、蔡英文の対中、対米政策は好感をもって迎えられた。

以上のように、無理して公認候補を差し替えた国民党だったが、十二月の世論調査で朱立倫の支持率は十%から十四%で、蔡英文の四十五%から四十七%に水をあけられており、さらには、親民党の宋楚瑜の後塵を拝する数字まで見られた。つまり、公認候補の交代に関係なく、国民党の惨敗の予想に変わりはなかった。

さて、二〇一六年一月十六日の投票結果は、民進党の蔡英文が、六百八十九万票あまり、五十六%を超える得票率で、国民党の朱立倫の三百八十一万票、得票率三十一%あまりに三百万票の大差をつけて当選をした。蔡英文の得票率は、二〇〇八年の馬英九に次ぐ、過去二番目に高い数値である。

民進党は、同日に行われた立法委員選挙でも、前回の四十議席から六十八議席へ議席を増やし、過半数を得て議会の主導権を確保した。特に、民進党は七十三の地域選挙区のうちの四十九、すなわち三分の二以上を抑えて勝利した。また、今回の選挙では、二〇一四年に結党された若者中心の政党、時代力量が五議席を獲得して存在感を示した。親民党は前回と同じ三議席であった。

民進党は、特に台湾南部で圧倒的な強さを見せた。中部の彰化県では四議席中の三議席を獲得、それより南の雲林県、嘉義県、嘉義市、台南市、高雄市、屏東市においては二十二議席を独占し、東海岸の花蓮県と台東県でも勝利した。つまり、二〇一六年の民進党は、南部で二十四対〇という完勝を獲得した。

新たな日米台関係の構築へ

蔡英文総統の父は南部・屛東の客家系、母は福建省系の河洛（福佬）人だが、父方の祖母は、原住民のパイワン族の血筋である。

原住民テレビ局の取材があったとき、蔡英文が「私は原住民に見えますか？」と取材記者に尋ねると、「見えます。あなたの目（眼睛）は原住民の目だ」と言われたという。その時のことを、二〇一二年総統選挙に立候補した蔡英文は、出版した自伝『洋葱炒蛋到小英弁当』に、「私の皮膚の下には、祖母の原住民の、父の客家の、そして母の河洛人の血が流れていると思うと、大きな力が満ち溢れてきた」と書いている。この血筋から見れば、蔡英文総統は、まさに台湾の歴史を集約した存在である。

一月十六日の総統選挙で民進党の大勝が伝えられると、十八日付の中国紙『チャイナ・デーリー』（英字紙）は、台湾問題について「習近平国家主席が言っているように、われわれは血肉でつながった同胞だ。その血が水よりも濃い一つの家族だ。中国本土は〝家族問題〟を解決するあらゆる方策を見いだすために、誠実さと忍耐を示してきた。今度は蔡氏が返礼する順番だ」と社説に書いた。しかし上述の通り、蔡英文総統と習近平国家主席に流れている「血」は同じではない。そして大半の台湾人には、幾分か原住民の血が流れているから、台湾人と中国人の血は、同じとはいえない。

中国は、台湾問題を解決するための「あらゆる方策」の一つとして、台湾に向けて千発を超えるミサイルを配備しており、隠すこともなく非平和的手段による台湾吸収の準備を進めている。さらには、台湾の国際生存空間を狭めるために外交的圧力をかけ続けている。そういう中国に対して、蔡英文総統はどのように「返礼」すればよいだろうか。

今から三十年前、台湾の民主化を主張し、あるいは国民党政権の退場を求めて各地で政治・社会運動を展開していた人々が集って、民進党が結成された。このように、複数の系統の反・国民党の闘士の大同団結で発足したことは、民進党の活力源になり、台湾の民意を幅反映するためには強みであったが、派閥争いが起こりやすい弱点の本ともなった。

その上、非合法時代からの党歴を誇る人がいる一方で、九〇年代の民主化以後、あるいは蔡英文総統のように二〇〇〇年の政権獲得以後に入党した人々もいるために、派閥に加えて世代という要素がもつれあって、民進党の一体化は容易ではなかった。

この流れを変えたのは、二〇一四年の「ひまわり学生運動」だったろう。

立法院でサービス貿易協定が審議無しに委員会で承認されたその日、二〇一四年三月十六日、民進党では、五月の党主席選挙に向けて、謝長廷、蘇貞昌、蔡英文の三氏の出馬表明が出そろったところだった。ところが、その二日後から、学生たちが立法院本会議場を占拠する「ひまわり学生運動」が起きた。この運動によって、台湾の誰もが、台湾存続の危機を改めて確認するとともに、若い世代の圧倒的な活力と台湾アイデンティティーの高まりを深く認識したのである。

学生が立法院を明け渡したのは、四月十日のことだったが、十四日に民進党主席立候補の受付が開始されると、蘇貞昌と謝長廷は「党内の分裂を避ける」などの理由で不出馬を表明、総統候補は蔡英文に一本化された。学生運動の形で噴出し、多くの市民が同調した国民党政府への不信と中台融合路線への批判、そして新たな政治を求める若い世代の熱気を受け止められる民進党の新たなリーダーは、蔡英文をおいて他にいなかったのである。

その蔡英文主席の下で戦われた同年十一月の統一地方選挙で、民進党は圧勝した。もはや、民進党は、台湾アイデンティティーを重視する誰もが支持できる、開かれた政党となったのである。

そして民進党の総統選挙候補は、先述の通り、早々に蔡英文に絞られた。そこには、内部対立に悩まされる民進党の姿はなかった。

昨年十月に来日した蔡英文候補は、都内のホテルで開かれた支援者の会で、「四年前であれば皆さまの前ですべての同志が蔡英文派であるという自信はなかったかもしれない」と述べ、しかし、「今回は違います。私は自信を持って、我々は全員蔡英文派です、と大きな声で言えます」と高らかに宣言した。

これには、元来、蔡英文が持っていた台湾の歴史を集約した血筋と、この四年間の蔡英文本人の変化も寄与したに違いない。

本人が断言したように、今回の総統選挙は、「皆さまの前にいるのは、もはやかつての蔡英文ではあません」という、新・蔡英文としての戦いだった。

戦後、事業に成功して富を築き上げた父の下、蔡英文は、お嬢さんとして育ち、海外留学、そして大学教授を経て、台湾のＷＴＯ加盟の交渉に携わった。ところが、今から十六年前、陳水扁政権の発足とともにいきなり閣僚として政治家デビューを果たした蔡英文は、続いて比例区選出で立法委員を経験、その任期の途中から副首相に転出、という華々しい経歴の持ち主である。言い換えれば、彼女には台湾の民情に寄り添う経験が少なかった。

そんな蔡英文が、台湾の庶民の生活になじむ機会を得たのは、前回総統選挙で舐めた苦汁のお陰だった。二〇一二年の敗戦を経て、「雲林省の養豚者の気持ちを聞き、台東の原住民の村落で収穫されたトウモロコシの山の中で子供たちと一緒に寝転がり」、お嬢様政治家であった蔡英文は、台湾人の苦労と努力が身に染みた、台湾人政治家として新たな出発を遂げたのである。

今日の蔡英文政府は、立法院でも安定過半数を持つ強い政権である。それにもかかわらず蔡英文は、「改革を支持するすべての人たちと一致団結」するため、民進党で権力を独占せずに、すべての力を結集する政府を目指した。行政院長の林全は無党籍であるが、「各行政部門の長に地方や民間からも人材を登用する」方針をとった。蔡英文総統自身、かつて無党籍で大陸委員会主任委員を務めた四年間の経験があるが、今回の超党派路線は、幅広い民意の結集で台湾の活力の高揚と、改革を進めるための積極策である。

他方、蔡英文総統は、台湾は「民主・自由・人権を共有する日米との関係を重視し、優先すべきだ」との考えを示してきた。さらに、台湾が東アジア地域の安定に関与するため「米国とその東アジアでの同盟諸国（つまり日本）との連携も強化せねばならない」と語っている。昨年十月に来日した際にも、日本の安全保障法制について「日本が地域の平和に重要な役割を果たすことを期待している」と述べた。つまり、中国の軍事的、経済的圧力が増大するなかで、日米台協力による東アジアの安定が蔡英文総統の持論である。

対する安倍政権では、蔡英文総統の当選が決まった一月十六日夜に、岸田外相が「基本的な価値観を共有し、緊密な経済関係と人的往来を有する重要なパートナーであり、大切な友人」と台湾を評し「祝意」を表した。その二日後には、参議院予算委員会で、全閣僚出席の下、安倍首相が蔡英文当選に祝意を示し、「台湾は古くからの友人だ、自由な言論の上に選挙でリーダーを決める総統選は台湾の自由と民主主義の証しと考える」と述べた。さらに、五月二十日の就任式当日には、菅義偉官房長官が蔡英文政権発足を「歓迎する」と述べ、台湾との「協力と交流のさらなる深化を図る」と表明した。

政権がスタートすると、蔡英文政権は、行政院長（首相）、民進党主席などの経歴がある謝長廷氏を駐日代表に据えた。また、台湾政府の対日関係担当部局である亜東関係協会の会長も、民進党の軍師、邱義仁へと替わった。邱氏といえば、民進党秘書長、国家安全会議秘書長、総統府秘書長、行政院秘書長を歴任した、いわば舞台回しの最高実力者である。

これらの人事からは、蔡英文政権が日本を重視していることが明らかである。蔡英文総統と安倍首相の平仄が合っている今、日台関係はレベルアップの好機を迎えている。

蔡英文総統の側近で、新政権の国家安全会議秘書長を務める呉釗燮は、「安倍晋三首相率いる日本政府は台湾に友好的だ」との認識に立って、民進党政権が「この黄金期に民間、経済、政治分野の交流を強化できるよう期待している」と述べた。また、駐日代表となる謝長廷元行政院長は、日台関係は「戦略的パートナーか、運命共同体のような関係に変えたい」と意欲的だ。

蔡英文政権のスタートを前にした五月六日、台湾で新たに超党派の「対日交流聯議会」が発足した。会長は民進党から初の立法院長となった蘇嘉全氏、名誉会長には国民党の王金平前立法院長、そして秘書長は蔡英文総統側近の蕭美琴立法委員が就任。定数百十三人の立法委員のうち百四人が名を連ねているという。台湾側の日本への期待の高まりがうかがえる。

かねてから蔡英文は、台湾の総統は「民主・自由・人権を共有する日米との関係を重視し、優先すべきだ」との考えを示してきた。また「台湾と米国の戦略的パートナーシップの構築を進めたい」としつつ、台湾は東アジア地域の安定に関与すべきだと考え、「米国とその東アジアでの同盟諸国（つまり日本）との連携も強化せねばならない」と語っていた。このほど来日した際にも、日本の安全保障法制について「日本が地域の平和に重要な役割を果たすことを期待している」と述べた。つまり、日米台協力による東アジアの安定が蔡英文総統の持論なのだが、この構想実現には安倍政権の今が好機である。

さらに蔡英文総統は「台湾と日本の産業の連携」を求め、台湾と日本がＩＯＴや新エネルギー、スマート・シティなどの新しいプロジェクトで協力し、より緊密な日台産業同盟を構築し、グローバル・マーケットでより強い影響力を持つことにも期待している。

しかし、選挙で圧勝して、国民からの強い支持を受けて政権がスタートしたからといって、蔡英文総統の構想がすんなり実現するほど事は簡単ではない。むしろ中国の圧力と、中国経済悪化という環境の下で、停滞する台湾経済を引き上げるのは相当困難なミッションである。そして経済が低迷し続ければ、気まぐれな民意は蔡英文を支え続けてはくれない。

日本にとって、台湾は安全保障に直結する「運命共同体」である。日台の機運が一致している今、日本が、経済、安全保障の両面から台湾を、蔡英文政権を支えるべきだ。日台関係基本法の制定も、その重要な基礎を提供するものになる。

中国が南シナ海を中国の海にしようとし、西太平洋への進出を図っている現在、日本にとっても、東アジアの平和と安定のためにも、日米台の紐帯の強化、とりわけ安全保障協力の強化は急務である。

対中「現状維持」政策に見る台湾人の自信

八月二十日、就任三ヶ月を機に内外メディアと会見した蔡英文総統は、両岸関係について、「現状維持」の重要性を改めて強調するとともに、現在の憲法体制の下、一貫性があり、予測可能で、継続性のある両岸関係を確立することが政府の目標であると語った。

つまり、蔡英文政権の対中政策は、二〇一五年の総統選挙期間中に表明していた「現状維持」を守ることであって、当面、いずれの方向にも特段の変化を目指さないことを改めて明らかにした。

これについて、日本の一部メディアは、この演説は従来の考えを述べるにとどめたもので、双方の交流が停止している現状から「対中関係は進展を見込めず」と否定的に伝えた。しかし、「現状維持」

のために大きなアクションを起こさないこと自体が、蔡英文政権の強さの表れなのかもしれない。

馬英九政権末期の三月下旬に、台湾政府で対中政策を担当する大陸委員会が、国立政治大学選挙研究センターに委託して実施した世論調査によれば、実に八十六・七％が「広義の現状維持」を支持すると回答した（Taiwan Today 二〇一六年三月三十日）。

さらに、台湾政府が、今後も引き続き中華民国憲法の枠組みの下で「統一せず、独立せず、武力行使せず（不統、不独、不武）」の現状を維持することを支持するとした人は八十一・九％であった。要するに、中台関係について、馬英九から蔡英文に総統が交代しても、台湾が中国とは別の政治実体として存在し続けるものの、ことさらに独立を宣言するなどして、中台関係の摩擦が高まること、武力行使の危険性が高まることは、ほとんどの国民が願っていない。その意味では、蔡英文総統が、総統選挙の期間中一貫して主張してきた「現状維持」は、まさに台湾の多数派の民意と合致するものである。

一方、「台湾海峡両岸は同じ一つの中国に属する」という中国の主張に対して、「同意しない」と回答した人が七十二・七％に上った。つまり、馬英九政権が対中政策の基礎とした「九二コンセンサス」のうち、主要な部分というべき「一つの中国」については、圧倒的過半数の台湾人は支持していない。また、「台湾海峡両岸が分割統治されているという事実を、中国大陸が直視して台湾の民意を尊重するならば、台湾海峡両岸関係の良好な発展につながるだろう」と考える人は七十八・六％に上った。したがって、中国が主張するように、台湾は中国の領土の不可分の一部であり、そこでいう中国とは中華人民共和国であるということは、事実に反しており、八割の台湾人には受け入れがたい事実だということである。

振り返ってみれば一九九六年三月、台湾で史上初めての国民直接投票による総統選挙、つまりは大統領選挙が実施されようとしたとき、中国は「文攻武嚇」で台湾に圧力をかけた。すなわち、様々なメディアを通して、民主的総統選挙を進めようとする李登輝総統を口汚く罵り、福建省近くで、上陸訓練やミサイル演習などの軍事的威嚇を繰り返した。

しかし、当時の米中の軍事力、経済力の差は大きく、クリントン政権が台湾海峡に二空母艦隊を派遣すると、中国はそれ以上の行動に出ることはなかった。三月二十三日、台湾初の総統直接民選は無事に実施され、五十四%の得票率で李登輝総統が選出された。

今は昔、二〇一六年の現実は、二十年前の米中関係とはまるで異なる。二〇〇〇年代からのアメリカは、自国経済のために良好な対中関係の維持を求めるようになり、二〇〇四年、二〇〇八年に民進党の陳水扁政権が、自国の安全保障の強化や、台湾の名義での国連加盟を求めることについて国民に問う「公民投票（事実上の国民投票）」を実施しようとすると、中台関係の現状を変え、不安定化させる試みであるとして、米国はこれを批判し、日本もこれに追随した。

つまり、二〇〇〇年代に入ると、すでに米国は、自由と民主主義に基づく台湾の主張を尊重するより、中国の顔色を窺うようになっていたのである。

さらにその後、二〇一三年九月十日、米オバマ大統領は、シリア問題をめぐる演説で、「米国は世界の警察官ではない」と述べ、「世界のすべての悪を正す術《すべ》はない」と〝普通の国宣言〟をした。また、本年、二〇一六年一月十二日の一般教書演説でも、「危機に陥ったすべての国の問題を引き取ってその再建を引き受けることはしない。強硬発言や絨毯爆撃では不安定な世界の問題を解決できない」と発言している。

すなわち、戦後の米ソ冷戦時代から、アメリカ一極時代を経て、二十一世紀も佳境に入った今、李登輝元総統が言う通り、アメリカは「極」であることを返上して、世界は無極化、「Gゼロ」の時代を迎えている。このたび次期アメリカ大統領に当選を決めた共和党のトランプも、アメリカを世界の警察官に戻しはしない。

したがって、経済状態に変調が見られるとはいえ、軍備拡大を継続し、東シナ海、南シナ海における傍若無人な振る舞いを繰り返す中国と対峙するに際して、日本も台湾も、アメリカがもはやかつてのアメリカではないことを前提としなければならないのである。

近年の日本の防衛法制整備も、当然、こうした現状を反映しているが、蔡英文の台湾も、日米台の安全保障協力に期待しつつ、強大なアメリカと手を結んでいればそれで安心ということではない。日本は日本で、台湾は台湾で、自力防衛に最大限の自助努力を払わなければならないが、一国で中国に対抗することは困難であるため、アメリカとの安全保障協力には期待せざるを得ない。さらには、日台関係の緊密化を通して、日米台の事実上の安全保障協力関係の樹立が求められている。

この点について、八月九日に、台湾政府の対日窓口機関である亜東関係協会の蔡明耀秘書長は、日本メディアの取材に対して、「米国はすでに単独で世界の平和、安全を守ることができない。東アジアや西太平洋の安定維持のためには日本の協力が必要だ」と述べ、日本の安全保障法制整備を歓迎する旨を明らかにしている（産経新聞二〇一六年八月十日）。さらに、「台湾が中国に併合されたら日米ともに大変だ」との認識を示して、日本と台湾の間には国交がないので、二国間の安保協力は不可能だとしながら、米中を含めて東アジア全体が、「平和第一」「侵略はしない」という共通認識で政策を進めるべきだとして、中国の東アジアにおける一方的な現状変更の試みを批判した。

二〇〇八年からの八年間、台湾の国民党、馬英九政権は、中国の主張する「一つの中国」を受け入れ、中台関係を緊密化させることで「外交休戦」を実現してきた。

馬総統は、両岸の直航を認め、経済連携枠組協定（ＥＣＦＡ）を締結し、さらには両岸サービス貿易協定に合意した。

中国としては、「一つの中国」を認めて中台接近を継続する国民党の馬英九路線は、任期満了で馬英九が総統の座を去ってからも継続させたいところで、しだいに台湾を採り込んでいきたいところだった。そこで、国民党へのテコ入れを図り、民進党支持層に圧力を加えるために、習近平が同意したのが、二〇一五年十一月七日の中台首脳会談、いわゆる馬習会談の実現であった。

いわば戦後初の、歴史的な中台首脳会談は、中国にしてみれば、表舞台から去りゆく馬英九に対する餞《はなむけ》であるとともに、中台接近を積極的に進めた馬英九へのご褒美でもあった。それと同時に、習近平国家主席・共産党総書記としては、会談を通じて「一つの中国」路線の継続が、中台の良好な関係の必須の前提であると強調することで、台湾財界その他を国民党支持に結集させ、反対に民進党支持者をけん制し、さらにはもし民進党政権が成立した場合のために、「一つの中国」原則を受け入れるよう蔡英文にくぎを刺したのであった。

これに対して、民進党の蔡英文主席は、党公認総統候補となって以後、一貫して対中政策の「現状維持」を訴え続けた。中国が「一つの中国」を認め、あるいは「九二年のコンセンサス」を認めるように迫っても、蔡英文は「現状維持」の四文字を繰り返すだけだった。それでは曖昧だと朱立倫が追及しても、蔡英文は、すでに明確に説明済みだとして動じることはなかった。

ところで、二〇一二年の総統選挙では、民進党の蔡英文候補が「『台湾コンセンサス』を築くべきだ」との主張を展開すると、選挙戦終盤に財界人が相次いで馬英九支持を打ち出し、これが一因で蔡英文は八十万票差で敗北した。しかし、今回は、馬習会談や中国からの圧力にもかかわらず、「現状維持」を謳う蔡英文に対して、財界から特段の危惧は表明されなかった。昨年末の、蔡英文と経済七団体との対話でも、蔡英文政権誕生の可能性に対して、不安が示されることはなかった。

また、二〇〇八年、二〇一二年には民進党政権に不安を表明していたアメリカも、今回は蔡英文政権誕生に懸念をもたなかった。

とはいえ、蔡英文当選決定以後の中国の、台湾に対する圧力は露骨である。

当選が決まったその日の晩、つまり今年の一月十六日夜に、中国国務院台湾弁公室は、二〇〇八年から八年近く続いた「『台湾独立』に反対し『九二コンセンサス』を堅持する」という政治的基礎の上に立ってこそ中台関係が平和的に発展するという中国の立場は、「いかなる選挙結果でも変わらない」との談話を発表し、蔡英文陣営に対して「一つの中国」を認めるように迫った。

また人民日報系の環球時報は、蔡英文当選の報に対して、当時二十二ヶ国あった台湾と国交を維持している国について、「中国がその気になればいつでも断交させ、台湾への懲罰として奪い取る」と述べた。

実際、それから二ヶ月後の三月十七日、中国の王毅外相が、台湾との国交国の一つである西アフリカ、ガンビアのマクドゥアウゲイ外相と北京で会談して、中国とガンビアの外交関係「回復」に関する共同声明に署名した。これは、馬英九政権成立以来の、中国と台湾の外交休戦が破れた瞬間であった。このタイミングでの外交休戦の終焉は、中国政府の対台湾政策の本質を物語るものである。すなわち、四ヶ月前に「馬習会」を実現させた習近平は、国民党が選挙に負けると、もはや用済みとばかり、残り二ヶ月の馬政権との関係を切り捨てたのである。中国は、馬英九総統の任期満了を待つことなく、新総統に圧力をかけるため、いわばガンビアを台湾からはぎ取ったのであった。

さて、三月三日、中国の人民政治協商会議第十二期全国委員会第四回会議において、中国共産党序列第四位の兪正声政治協商会議主席は、「一つの中国」の原則と台湾独立反対の堅持が、中台関係の政治的基礎であると位置づけた。さらに十四日に同会議は、「あらゆる形式の台湾独立の分裂行為を断固として抑え込む」との決議を採択して閉幕した（産経新聞二〇一六年三月十五日）。

また、新政権発足前の五月十六日、中国の王毅外相は、ケリー米国務長官に、アメリカが「一つの中国」原則を厳守するようにと通告した。さらに就任式当日には、中国外務省の華春瑩報道官が、「『一つの中国』原則は中国と世界各国の関係において重要な政治的基礎であり前提だ」と強調して、台湾ばかりでなく関係各国にも圧力を加えている。

中国は、「一つの中国」原則の承認が、中台間の交渉、交流の基礎であると繰り返し表明している。しかしそれでも蔡英文総統は、中台関係は「現状維持」とのみ述べて、「一つの中国」を認めなかった。そこで中国は、就任式の直前には、中国人民解放軍が台湾の対岸、厦門で上陸演習を実施するなど示威行動も見せた。

しかし、蔡英文総統は以前から、台湾は一つの国家であると主張し、中国にもそれを承認して欲しいと述べていたのである。二〇〇八年の『週刊東洋経済』十一月号のインタビューでは、中国が台湾という国家を「現在は承認したくないのなら、それはそれで構わない。それで直ちに戦争が発生するとか、往来が断絶することを意味するものではない」と語り、「世界には直ちに解決できない問題がたくさんある」とも述べていた。中国の脅しに屈伏する気はないし、「現状維持」は総統としての当面の立場であって、いつか適当な時がくれば中国に台湾を国家として認めさせたいというのが本音なのである。

だから五月二十日、蔡英文総統は就任演説で、一九九二年からの中台間の交渉、交流の事実を認め、評価したものの、「九二コンセンサス」は認めず、「一つの中国」には言及しなかった。これに対して、中国政府は「これでは未完成の答案だ」と批判し、さらに台湾弁公室の馬暁光報道官は、このままでは「台湾側との対話・連絡メカニズムは継続できない」と言明して、新政権に「一つの中国」を認めさせる圧力を強めてきた。

六月二十五日には、同弁公室の安峰山報道官が、蔡英文政権が「九二年コンセンサス」を認めていないためとして、「両岸の意思疎通メカニズムは停止した」との声明を出した。この前日、カンボジアが詐欺事件に関与した台湾人二十五人を台湾ではなく中国に移送したことに対して、台湾政府は中国に抗議していたが、中国は台湾との交渉に応じないという意思表示をしたのである。

また、「一つの中国」を認めない蔡英文政権に対する中国の報復は、五月二十日の新総統就任式典で、中華民国の国歌を斉唱した先住民の児童合唱団にも向けられた。この合唱団は、七月下旬に広東省で予定していた公演への参加が取り消されたのである。

あるいは、北京の旅行社は、中国政府当局から、台湾への観光ツアーを減らすよう指示を受け、とりわけ民進党の政治的地盤である高雄市、台南市などの南部地域に渡航しないように指導されたという。

しかし、民進党政権が成立すれば、中国がこの程度の嫌がらせをすることは、陳水扁政権時代八年の経験から、台湾の財界としては織り込み済みであろう。

ところで、中国の台湾統一の意図は、全国人民代表大会期間中に中国政府が発表した、二〇二〇年までの経済・社会の発展見通しを示した「第十三次五か年計画」に見ることができる。そこには、福建省福州と台湾を結ぶ高速鉄道の建設計画が盛り込まれていた。五か年計画の「交通建設重点プロジェクト」の項目に、新計画路線として「北京から香港（台湾）」との記述もあったという（産経新聞二〇一六年三月七日)。無論、この計画は台湾のあずかり知らぬことであった。

二〇一二年の総統選挙での敗北の後、台湾の将来について研究しようとした蔡英文は、インドネシアやインドを訪問したが、その際に感銘を受けた国の一つがイスラエルだった。台湾より小さなイスラエルが、敵対するアラブ諸国家に囲まれながら存続し、繁栄を求めて、軍事産業を中心にハイテク産業で成果を挙げていることに注目したのであった。

こうして、政権発足の五月二十日、蔡英文総統は就任演説のなかで「経済構造の転換」を謳い、五項目のイノベーションで、研究開発計画を優先的に推進し、これらの産業を通して、台湾の世界競争力を再び作り上げると述べた。さらに同日、行政院で各種省庁の業務の引き継ぎを受けた林全行政院長(内閣総理大臣に相当)は、「政府は台湾の新しい経済発展モデルと方向性」を先導するとし、「イノベーションが新経済の核心的価値である」が、より具体的には、アジアシリコンバレー計画、バイオテクノロジー、クリーンエネルギー、スマート機械と国防・航空宇宙という五大産業に焦点を絞り、イノベーション経済の基礎とすることを表明したのである。

総統就任から二週間を経た六月四日、蔡英文総統は、台湾北東部の宜蘭県を訪れ、台湾で自主開発した高速コルベット艦「沱江」を視察するとともに、「国防の自主性を高めることは容易ではないが、既に後戻りはできない。政府は必ず成功させる決心をした」として、台湾政府が今後も台湾での艦船国産計画を継続するという決意を述べた。さらに、政府がこの計画を支援することで、これを契機に造船、機械、システム統合などの産業のさらなる発展につなげたいとの抱負を語り、軍事産業からのスピンアウトにも触れて、「国防における需要を、産業のレベルアップとモデルチェンジへの原動力にする」ことが政府の方針であると述べた。

これらの方針は、来年度予算の策定にただちに反映した。台湾の行政院（内閣に相当）は、八月四日の院会（閣議）で、「行政院二〇一七年度施政方針」草案を決定したが、その重点業務には「国家の安全保障能力を強化し、国際社会及び台湾海峡両岸関係における新たな空間を作り出す」ことが含まれていた。さらに八月十八日、行政院は「二〇一七年度中央政府総予算案」を発表したが、それによると国防予算は今年度とほぼ横ばいの日本円で約一兆円だが、そのうち戦闘機や艦艇の国産化にかける予算は、今年度比約百九十三億円増加、比率にすると十一倍強のおよそ二百十二億円としており、政権の意向を色濃く反映するものとなった。

他方、すでに八月一日に、台湾国際造船株式会社が、「潜水艦発展センター（ＳＤＣＣ）」を設立し、具体的に潜水艦の国産化に向けて第一歩を踏み出していた。同社では、鄭文隆会長（董事長）がＳＤＣＣの召集人を務め、外国からの技術協力が得られる道を探る考えを示している。なお、提携先の国については未定としているが、日本への期待が大きいことは紛れもない事実である。

とはいえ、台湾にとって、陸海空の兵器の国産化は容易なことではない。それだけに蔡英文政権としては、他方で、アメリカ製の兵器の購入にも大きな関心を払っている。

このため六月五日、アメリカ上院軍事委員会のジョン・マケイン委員長が、同委員長としては二十四年ぶりに台湾を訪問すると、蔡英文総統は総統府で会見して、台湾の防衛に必要な武器を、米国が引き続き売却してくれるように要請し、双方の安全保障分野での交流と協力を強化するよう求めた。また、これら議員の訪問は「台湾にとって非常に重大な意義を持つ」と指摘したうえで、「台湾そして台米関係に対するゆるぎない支持を強く感じる」ものであるとも述べた。

Gゼロ時代の東アジア安定化のために、以上のごとく台湾は、軍事・航空産業のイノベーションを目指し、軍備の国産化を進めながら、日米との連携で中国に対峙しようとしている。さらに、これを五大イノベーションの一角に位置づけることで、経済政策全体として、台湾の各産業の国際競争力を高め、台湾経済再興を果たす「新経済発展モデル」を描き出している。しかも、蔡英文総統は、軍事産業の発展には日本からの協力を強く期待している。

これとは別に、先述の通り、蔡英文総統は「現状維持」を高らかに掲げてきた。実は、この点は二〇〇〇年から八年間台湾を統治した、同じ民進党の陳水扁政権とは大きく異なっている。

陳水扁政権時代の台湾認識は、激流に浮かぶ小舟というものだった。台湾を併合しようとする中国からの圧力、発展する中国経済との良好な関係を願って、中台関係の波風を嫌うアメリカや日本という、逆流のなかで、小舟である台湾は必死に上流に向けて船を漕いでいた。そうしなければ下流に流され、ついには大海に出て海の藻屑となりそうだった。

だから陳水扁政権は、「公民投票法」を成立させ、さらに都合三度の「公民投票」を実施することで、「台湾」としての国民意識の結束を促し、正名運動をも展開して、「台湾」は「台湾」であって「中国」ではないことを、ことあるごとに示そうとした。

つまり、台湾自体としては「現状維持」は現状の位置にとどまることにならず、絶えず何らかのアクションを起こすことで、ようやく元の位置に居続けることができるというのが、陳水扁政権の考えだった。

しかし、蔡英文政権の「現状維持」には、このような落ち着きのなさがない。実は、二〇〇〇年当時と比べて、中国からの圧力はむしろ増大している。つまり、激流はさらに奔流となって、川面に顔を出す台湾に襲い掛かっている。しかし、この台湾は、気がつけば小舟ではなく島である。川面から見える部分には、その下に川床までとどくしっかりとした土台がつながっている。この土台となる基礎構造は、川面からは見えないがなかなか強靭で、濁流のなかでも揺らぐことがない。だから、静かに「現状維持」を実践できるのである。つまり、蔡英文の「現状維持」政策の背景には、台湾の現状に対する自信がある。

振り返ってみれば、一九八六年九月二十八日に円山大飯店で結党した民主進歩党は、この秋、結成三十周年を迎えた。この間の台湾の歴史が、台湾の民主主義を強固に鍛え上げ、また、様々な要因が台湾アイデンティティーの浸透と定着をもたらした。その結果、二〇〇〇年総統選挙では三十九％、二〇〇四年総統選挙では五十・一％だった民進党の得票率は、二〇一六年には五十六％にまで上昇した。さらに、一月の立法院選挙で、民進党は単独過半数を獲得した。他方、陳水扁時代の民進党は、立法院の第一党ではあったが、過半数に手が届かない少数与党だった。その頃と今とでは、政権基盤の強さと安定性がまるで違う。

今日、蔡英文政権は、強固な台湾アイデンティティーを背景とし、また、行政府と立法府をともに手中に収めた強い指導力を持つ政治権力構造を実現した。一見すると変わらないようだが、台湾はもはや小舟ではなく小島である。だからこその「現状維持」なのである。

しかし、周囲の河の流れはさらに強まっている。逆境のなかで、護岸を崩されないために、台湾には、さらなる自主防衛力の強化と、日米との緊密な連携が必要である。

そして今や、日に日に高まる中国の圧力に対して、台湾が吸収されずに主権を守り、繁栄を勝ち取るために、台湾人が結束して対抗しなければならない時代であって、国内の政党間対立に現《うつつ》を抜かしていられる時ではない。民進党は台湾の総意を代表して、包容力ある政治を実現しなければならない。

三十年前の結党式当日、現在の謝長廷・亜東関係協会駐日代表が民主進歩党という党名を提案、大方の賛成を得てこの党名が決まったとき、その念頭にあったのは「民主的包容、進歩的取向」の十文字であった。

主要参考文献

松田康弘『台湾における一党独裁体制の成立』慶應義塾大学出版会、二〇〇六年
若林正丈『台湾の政治』東京大学出版会、二〇〇八年
中川昌郎『馬英九と陳水扁』明徳出版社、二〇一〇年

若林正丈編『ポスト民主化期の台湾政治』アジア経済研究所、二〇一〇年
陳儀深『従建党到執政─民進党相関人物訪問紀録』台北、玉山社出版、二〇一三年

＊なお、本章の「蔡英文政権の誕生」以下の部分は、筆者が本年に執筆した「蔡英文総統の新・民進党政権と新たな日台関係」（『日台共栄』通巻三十九号、二〇一六年六月　日本李登輝友の会）、「対中『現状維持』に見る台湾人の自信」（『インテリジェンスレポート』第九十七号、二〇一六年十月　総合政策研究所）と、「『一つの中国』の呪縛を解け」（『世界日報』二〇一六年五月三十一日「view point」欄）および「結党三十年迎える台湾・民進党」（『世界日報』二〇一六年五月三十一日「view point」欄）に基きつつ、加筆の上、かなり修正してまとめたものである。

第二章

戒厳体制下における党外活動と民進党の結成

国立台湾師範大學博士課程
渡邉耕治

はじめに

蒋経国政権下の台湾において、反中国国民党（以下国民党とする）の政治家、換言すると国民党の一党独裁体制に反対して民主化の実現を目標に活動していた党外人士は、一九八六年九月二十八日に民主進歩党の結成を宣言した。当時、台湾は一九四九年五月に発布した「戒厳令」が依然として布かれており、新規の政党結成も禁止していた（所謂「党禁」）。このため、政府当局の立場から見れば民進党結成は違法行為であり、その関係者は逮捕ならびに投獄の対象であった。しかし、蒋経国総統は事実上民進党の結成を条件つきで黙認したため、戦後台湾において初めて与党の政権運営を批判する野党が誕生したのである。その後、一九八九年十二月二日に実施した「三合一選挙」において[1]、民進党は平均得票率三十%を獲得するとともに、立法委員増補選挙では、改選議席数百三十議席のうち二十一議席を獲得する。他方、国民党は同選挙において平均得票率が六十%を下回った。この結果、台湾の政治は国民党一党独裁から二大政党制へ移行する基本的枠組みが形成されることになった。

党外という呼称は、本来「国民党以外」、「非国民党」を意味するが、やがて反体制派の政治家を含めて、国民党政府に批判的な人が結集する時に用いる呼称となり、党外の人は「党外人士」と通称された。党外という呼称が世に広く知られるようになったのは、一九七七年の統一地方選挙以降である。一九七〇年代中葉まで、反体制派の政治家は、基本的に個々で活動して、選挙に出馬した際は、「無党籍人士」と呼ばれていた。

一九七〇年代後半に反体制派の政治家等は一つの政治勢力に結集して、いわゆる党外を形成する。その後、党外人士は一九八〇年代前半に活動路線を巡って対立し、「議会路線」の穏健派と「街頭路線」（示威運動など）の急進派に内部分裂する。一方、国民党政府は一九七〇年代末から一九八〇年代半ばにかけて非人道的な事件を起こしたため、国家の威信が失墜した。これを契機に、党外の穏健派と急進派が協力し合い、民進党を結成するにいたった。

本章は、民進党が結党されるまでの経緯について、台湾内外の環境変化に着目して、その概況を紹介するものである。

戒厳体制下における国民党統治の基本構造

戦後、国民党と中国共産党（以下共産党とする）による国共内戦が勃発して、戦局の展開に伴い、崩壊状態に陥った国民党政府は、広州、重慶、成都と転々と移動して、台湾に撤退したのは一九四九年十二月のことである。共産党が同年十月一日に、北京で中華人民共和国の建国を宣言した結果、国民党政府は中国大陸から追われて台湾に移転し、その存在基盤を失って凋落の一途を辿った。また、国際社会から孤立無援の窮地に陥り、一九五〇年六月二十五日に朝鮮戦争が勃発するまで、台湾も陥落の危機に直面した。

蔣介石は政府移転とほぼ同じ時期に台湾に移住するが、当時の身分は国民党総裁であり、中華民国総統の職位に就いてはいなかった。それは一九四八年四月に中華民国憲法第二十七条の規定に基づき[2]、蔣介石は国民大会において総統に選出されたが、国共内戦で国民党の敗色が濃厚になると、その責任を負い、一九四九年一月に総統を辞職したためである。その後、中国は共産党に掌握され、蔣介石の後を継いだ代理総統の李宗仁は米国に亡命したため、蔣介石は一九五〇年三月に復職という形で再び総統の座に就いた。

共産党が台湾の対岸で虎視眈々と「台湾解放」の機会を窺っている状況下、国民党政府は、民主憲政の名の下で権威主義的統治を行う。その政治体制の特徴は次の通りである。第一に、台湾撤退後も引き続き戦時体制を敷き、それを常態化させるとともに、政府は人民の政治的自由や政治参加などの権利を厳しく制限した。国民党政府は一九四九年に台湾で発布した「戒厳令」だけでなく、一九四八年五月に憲法第一百七十四第一項の規定により[3]、前年十二月に施行した憲法を僅か半年足らずで一部停止して「動員戡乱時期臨時条款（反乱鎮定動員時期臨時条款）」を施行し、動員戡乱時期の憲政体制を確立させた。例えば「動員戡乱時期臨時条款」第一項において[4]、動員戡乱時期において、総統は憲法第三十九条や第四十三条に規定された手続きの制限を受けない緊急処分権を付与することを規定している[5]。つまり、動員戡乱時期においては、行政権の行使について、立法院の承認手続きを不要にしたのである。さらに「戒厳令」施行期間中、行政と司法機関は軍事機関が統括することになったため、政府の憲政組織を損なっただけでなく、人民の基本的人権も制限され、それに異議を唱える者や政府に対する反対運動が行われた場合、「戒厳令」に基づき、関係者を逮捕するだけでなく、軍事裁判にかけて処分することもできることになった。したがって、臨時条款で規定している緊急処分権は立憲政治の存立を保障したものではなく、総統に独裁的権限を付与し、憲法が保障する国民の権利を剥奪する道具と看做されたのである。

第二に、憲法を拠り所に、一九四七年から一九四八年にかけて選出した第一期中央民意代表（国民大会代表・立法委員・監察委員）は、所定の任期を超えて、引き続き職権を行使することになった。憲法第二十八条、第六十五条および第九十三条の規定によると、国民大会代表と監察委員の任期は六年、立法委員の任期は三年であり、一九五一年に第一期立法委員が任期満了を迎えたが、中国には中華人民共和国が成立し、各地はすでに中国共産党が掌握していたため、選挙を実施することは不可能であった。そこで行政院の要請を受けた蔣介石は、総統の名義で立法権を行使して立法委員の任期延長を行った。さらに一九五四年には国民大会代表と監察委員の任期満了を迎えるため、今度は司法院長の王寵恵が憲法第二十八条の規定に基づき、一九五三年十月に「第一期国民大会代表の任期は、次期代表大会の開会を以て終了する」と表明した。

台湾の中華民国が中国全土の統治権を回復する、いわゆる大陸反攻を成功させない限り、中国全土での選挙は無期限に実施しないため、第一期国民大会代表は引き続き職権を行使して、終身代表になった。さらに翌一九五四年一月、憲法解釈の権限を持つ司法院大法官会議は、憲法第三十一号解釈案を作成して「第二期の委員が選出されて招集されるまで、第一期の立法委員と監察委員は引き続きその職権を行使するべきである」と述べ、第一期立法委員と監察委員は終身委員になった。こうして台湾移転後の中華民国政府が中国全土で選出された代表、委員によって運営されているという主張、いわゆる法統護持のために、国政レベルの定期改選を凍結して、台湾の民意を代表しない「万年国会」が成立したのである。

換言すると、台湾への撤退後、国民党政府の実効支配地域は台澎金馬地区（台湾島、澎湖諸島、中国大陸沿岸の金門島と馬祖島）に縮小したにもかかわらず、共産党と中国の正統性を争う旗印を降ろさず、共産党と同様に「我々が中国を代表する唯一の正統政権である」と主張し続けたため、台湾人主体の政府編成を構成することができなかった（表1を参照）。

第三に、一九五〇年三月総統に復職した蔣介石は、同年七月に中央改造委員会を発足させ、約二年をかけて国民党現有党員の再登録と不良党員の粛正、新規党員の吸収、党員組織の編入を実施するだけでなく、政治や軍事方面においても再編成を行った。これにより、国民党は「以党領政・以党領軍」による一元的指導が実行出来るようになり、党国体制が確立するとともに、軍、特務、警備総司令部の権力は、法治範囲を超越して「白色恐怖」を形成した。つまり、国家の上に国民党が存在する政治体制を敷き、国民党総裁の蔣介石は絶大な権力を掌握したのである。

一九五二年国民党は改造を完成させた後、一九六九年第十回全国代表大会で中央党部が改組を行うまで、国民党の政治権力は中央常務委員会に集中していた。例えば、表1で行政院の閣員を示したが、これらの閣員は国民党中央常務委員会において決定するとともに、国防部高級幹部は国民党の中央委員又は中央常務委員のメンバーが就いていた。その後、台湾経済の発展に伴い、一九六九年第十回全

表１：歴代行政院の閣員と省籍配分表

行政院長	閣員（*は本省人）	外省人	本省人
陳誠 1950.3-1954.6	張厲生　余井塘　葉公超　郭季嶠 厳家淦　程天放　林彬　鄭道儒 賀衷寒　呉国禎　王師曾　田炯錦 蔡培火*　黄季陸　董文琦　黄少谷 蒋勻田	17 人	1 人
兪鴻鈞 1954.6-1958.7	黄少谷　陳慶瑜　王德溥　葉公超 兪大維　徐柏園　張其昀　谷鳳翔 尹仲容　袁守謙　劉廉克　鄭彦棻 余井塘　黄季陸　田炯錦　蔡培火* 龐松舟　呉南如（沈錡 1956.2～）	18 人	1 人
陳誠 1958.7-1963.12	王雲五　陳雪屏　蒒岳　余井塘 王世杰　葉公超　蔡培火*　蔣経国 田炯錦　連震東*　黄少谷　沈昌煥 俞大維　厳家淦　梅貽琦　黄季陸 谷鳳翔　鄭彦棻　楊継曽　袁守謙 沈怡　李永新　陳清文　周書楷 高信	24 人	2 人
厳家淦 1963.12-1972.6	余井塘　黄少谷　蔡培火*　俞大維 葉公超　蒋経国　賀衷寒　田炯錦 董文琦　陳雪屏　連震東*　徐柏園 李連春*　閻振興　徐慶鐘*　沈昌煥 魏道明　俞國華　周書楷　黄杰 陳慶瑜　李国鼎　鐘皎光　羅雲平 鄭彦棻　査良鑑　王任遠　楊継曽 陶聲洋　沈怡　孫運璿　張継正 郭季嬌　高信　謝耿民	32 人	4 人
蒋経国 1972.6-1978.6	徐慶鐘*　費驊　張継正　葉公超 李連春*　李國鼎　俞國華　周書楷 連震東*　高玉樹*　郭澄　邱創煥* 李登輝*　林金生*　張豊緒*　沈昌煥 陳大慶　高魁元　蒋彦士　李元簇 王任遠　汪道淵　孫運璿　崔垂言 毛松年	18 人	8 人

国代表大会で中央党部が改組を行い、党政分離の原則を採用して、国民党中央委員会に政府部門の技術官僚（農業や財政等の経済専門家）を加えた。

第四に、国民党政府は対外関係において米国に依存するが、米国が国民党政府を支持したのは、東西冷戦構造における台湾の戦略的位置を重要視したためであり、国民党政府に対する全面的な支持ではなかった。すなわち、米国にとって国民党政府が反共を堅持していることが重要であり、台湾を中国から分断しておくことが利益であった。このため、米国の政策には「二つの中国」、「一つの中国、一つの台湾」という構想が常に見え隠れしていた。

雷震の反政府運動

一九四九年十一月、雷震らは『自由中国』誌を発行（発行人は胡適、社長は雷震）して、同誌を通じて反共、自由、民主の理念を広める。さらに一九五〇年代半ば以降、軍隊の国軍化（国民党ではなく、国家が軍を統制する）、言論の自由、「大陸反攻無望論」、「二つの中国」論、党化教育と救国団の反対、蔣介石の総統三選問題（憲法で禁止されている総統の三選を撤廃し、蔣介石が三期連続総統に就くこと）などを提起して政権批判を展開するとともに、一九六〇年に中国民主党の結成を計画する。しかし、この新党結成計画は失敗して、雷震は反乱罪の容疑で逮捕された。このとき米国政府は、雷震逮捕について憂慮を示したが、米国駐台大使のドラムライトは軽率な挙に出ないようワシントンへ自粛を呼びかけた。

さらに、米国政府広報文化交流局やアジア基金会は、それまで『自由中国』誌に資金援助を行っていたが、雷震逮捕後に援助を打ち切った。

実は、米国は民主、自由、人権の政治的価値観を各国に促していたのだが、米国が国民党政府に対して党禁を解除するように圧力をかけている印象が広まれば、反体制派の政治家らは民衆の支持を得るために行動を起こし、警察や当局と衝突して流血事件を招く恐れがあった。このため、米国は中国と対峙している国民党政府が不安定化に陥ることを懸念して、雷震側への積極援助を見送ったのである。換言すると、国民党政府に対する民主化の要求は、国家体制に危害をおよぼすと判断したのである。他方、中国民主党の結成準備を進めた雷震は、反乱罪の容疑で逮捕されたのだが、警備総司令部は、共産党のスパイを庇護した事実を捏造し、罪名を共産党スパイ未通報罪に変更した後、軍事法廷において懲役十年、公民権剥奪七年の判決を下した。

党外の成立と分裂

前節で述べた通り、国民党政府は法統護持に基づき、中央民意代表の定期改選を凍結するが、すべての選挙を凍結したわけではない。一九五〇年、国民党政府は「台湾省各県市実施地方自治綱要」を公布した後、県・市長選挙、県・市議会議員選挙、郷鎮県轄市長選挙を行い、翌一九五一年には臨時省議会議員選挙を実施した。その後、一九六八年まで地方選挙に限られてはいたが、台湾において選挙は実施された。

しかし、第一期中央民意代表の終身議員の高齢化と死歿に伴い、将来議会を開会できないだけでなく、法案を審議、可決することもできない事態に直面する可能性があった。そこで、一九六九年十二月二十日に中央公職人員の欠員補充選挙が行われ、国民大会代表十五名（当選者全員が国民党候補者）、立法委員十一名（国民党候補者八名、無党籍三名）を選出する。同選挙は名称の如く、欠員を補充するための選挙であったので、当選者も改選されない終身議員になった。

一九五〇年代から一九六〇年代にかけて国民党政府は「白色恐怖」を背景に民主化運動や台湾独立運動を弾圧するが、一九五七年四月、台湾省議会議員選挙に当選した「五龍一鳳」の郭国基（台北市）、呉三連（台南県）、李源棧（高雄市）、郭雨新（宜蘭県）、李万居（雲林県）、許世賢（嘉義県）の六名は、政府批判を展開して、台湾の地方自治、人権の保障および民主化を実施するよう政府に促すとともに、雷震と連携して「中国地方自治研究会」を組織した。

その後、蔣介石の総統三選問題が浮上する。すなわち、憲法第四十七条は、中華民国総統の任期は一期六年、連任は一回限りと規定していたからである。[6] しかし蔣介石は一九六〇年三月に臨時条款を改正し、総統の連任制限規程を廃止して総統の三選を果たした。[7] これに対して、雷震らの反体制派は一九六〇年五月十八日に「地方選挙改進座談会」を組織して、公正な選挙の要求や真の民主実現を主張するとともに、八月二十七日に中国民主党を九月中に結成すると予告した。しかし、雷震逮捕後、『自由中国』の政論雑誌は廃刊され、民主化運動も停滞した。

一九七〇年代に入ると、国際環境や国内政治に変化が生じて、政治に対する国民の関心が高まった。一九六〇年代末から東西両陣営の緊張が緩和される一方、中華人民共和国の存在感が高まり、アメリカがベトナム戦争解決と対ソ包囲網のために対中接近策を採ると、台湾の国際戦略上の地位が低下した。こうして一九七一年十月、中華人民共和国が国連加盟を果たし、中華民国は国連から追放された。その後もアメリカは台湾との国交を維持継続したものの、この結果、国民党政府が堅持していた法統の権威は衰え、台湾住民は政治改革を要求しはじめる。一九七二年五月、蒋経国が行政院長に就任した後、法統問題に関して、国民党政府は国民大会代表と立法委員、監察委員の中央民意代表に増員代表枠を設けることとした[8]。これにより、一九七二年十二月二十三日に動員戡乱時期自由地区増加中央民意代表名額選挙（以後、増補選挙とする）が実施されるとともに[9]、蒋経国は台湾人を国民党組織や政府の高級部門に登用して台湾本土化政策を強化した。しかしながら、台湾において政治的言論は依然として制限されていた。

一九七五年八月、黄信介、康寧祥、張俊宏の三名は『台湾政論』誌を創刊したが、同年十二月の第五号に掲載した邱垂亮の寄稿が政府批判と看做されたため、同誌は十二月二十七日に停刊処分を受けるとともに、邱垂亮は帰国禁止、副総編集者は反乱罪で逮捕された。

一九七〇年代反体制派の政治家らは、政論雑誌と選挙を結びつけ、宣伝と大衆動員を行う手法を採ったが、こうした手法が盛り上がりを見せるのは中壢事件以降であり、同事件後、党外の気運は徐々に高まっていった。

一九七七年十一月十九日、台湾初の統一地方選挙が行われた結果、党外人士が四つの県・市長選挙に勝利した他、二十一名が台湾省議会議員に、六名が台北市議会議員に当選した。[10] 同選挙において最も注目されたのは桃園県長選挙であり、国民党候補の欧憲瑜と党外候補の許信良が激しく争った。投票日当日、桃園県中壢市の某投票所において与党側の不正行為が発覚して、不正を行った者が警察署に逃げ込んだため、一万人を超える民衆が警察署を包囲して抗議を行い、警察署を焼き討ちにする事態にまで発展した。警察署周辺は混乱して収拾がつかなかったため、軍が出動する事態にいたったが、鎮圧行為は行われず、許信良の当選が確定して、騒動は自然に鎮まった。

一九七八年十月上旬、立法委員の黄信介は「台湾党外人士助選団」を結成する旨を公言して、十月三十一日に正式に結成した（総連絡人は黄信介、幹事長は施明徳）。これにより、反体制派の政治家らが結集して全国的な活動を行う組織が出来上がったのである。その後、年末の選挙戦に備えて、十一月二十四日に「全省党外助選団」総部を設立した後、十二月七日からの中央民意代表増補選挙開始を前に、十二月五日に全国党外候補者座談会を開催して、「十二大政治建設」の共同政見を発表した。その内容は次の通りである。①中央民意代表の全面改選、省主席・台北と高雄両市長の直接民選、②軍隊の国家化、司法の独立、③党務専従者による学園支配に反対、④党禁と報禁の解除、言論・出版の自由、⑤海外旅行の自由化、⑥戒厳令の解除、⑦拷問の廃止、⑧国民医療保険・失業保険・農業保険の実施、⑨労働基準法の制定、⑩環境保護法の制定、⑪省籍による差別・言語軽視に反対。⑫政治犯の大赦。

しかし、十二月十六日に米国のカーター大統領は、一九七九年元日より米中間の国交を樹立するとの声明を発表し、それに伴ってアメリカと台湾が断交することになったため、蔣経国は臨時条款で総統に与えられている緊急処分権を発動して、十二月二十三日に実施予定の増補選挙の延期を表明した。この政府発表を受けて、康寧祥を除く党外人士は「選挙延期に対する社会人士の声明」を発表して、政府に強く選挙再開を求めたが、選挙は実施されなかった。

一九七九年に入ると、康寧祥と黄信介はそれぞれ「八十年代雑誌社」と「美麗島雑誌社」を設立して、『八十年代』と『美麗島』の党外雑誌を発行する。五月三十一日に創刊した『八十年代』は、康寧祥が発行人兼社長、司馬文武が総編集長であり、彼らは穏健な立場であるといわれ、大衆路線に与しなかった。一方、八月十六日に創刊した『美麗島』は、黄信介（立法委員）を発行人、許信良（前桃園県長）を社長、施明徳を総取締役、張俊宏（台湾省議員）を編集長、呂秀蓮を副社長とし、彼らは大衆運動の気勢を重視する急進的な立場であった。『美麗島』は停刊処分を受けるまで、わずか四号しか発行できなかったが、創刊号から順調に発行部数を伸ばし、第四号は十四万部も発行して空前の大ヒットを記録した[11]。その内容は、政府の政策を批判する文章を掲載するとともに、台湾ナショナリズムを意識させるような言葉や語句を多く使用して、台湾における各種問題を掲載した。また、台湾各地に支部を設けて、国民党政府に対抗する反対派の拠点にしようと計画した。『美麗島』発行後、四ヶ月の間に基隆、桃園、台中、高雄、屏東等十一ヶ所に服務処（レストランと喫茶店を併設）を設け、各地で合計十四回座談会を開き、政府批判を展開した。

一九七九年十二月十日の国際人権デーの日、高雄市の公園で人権大会の開催を政府に申請したが、許可を得られないまま集会を開き、「美麗島雑誌社」を中心とした党外人士とその支持者は、政府に対する抗議デモを強行した。このとき、デモ参加者が憲兵や警察官と衝突して、双方ともに負傷者を出した。この流血事件により、『美麗島』は発禁処分（停刊一年）を受けるとともに、政府は美麗島事件の関係者を多数逮捕して、党外の精鋭分子を一網打尽にした。

しかし、康寧祥等の党外穏健派は、美麗島事件にかかわっていたにもかかわらず難を逃れた。元国民党副秘書長の梁肅戎の回顧によると、彼は康寧祥を朝野交渉の相手として残すよう蔣経国に進言したため、康寧祥は逮捕されなかったと述べている。こうして康寧祥は逮捕を逃れたものの、『八十年代』も停刊処分を受けた。

美麗島事件発生後、米国はカーター大統領が一九七九年四月十日に署名した「台湾関係法」に含まれる、台湾における住民の人権擁護の規定に基づき[12]、事件への関心を示した。例えば、米在台協会理事長のディーンは、もし党外などの事件関係者を厳罰に処分した場合、米国における台湾の評価を損うだけでなく、米台関係も修復不可能になり兼ねないと警告した。また、一九八〇年二月、米国下院がアジアの人権問題に関する公聴会を開くと、リーチ議員は美麗島事件に強い関心を表明したうえで、事件の容疑者を一般の司法法廷で審議するよう国民党政府に呼びかけた。さらに、民主党のエドワード・ケネディー上院議員は、事件関係者に対する公正な裁判を要求した。国民党政府は米国の介入を受け、やむを得ず秘密審議から公開審議に切り替えて、軍事裁判にかける人数を減らすとともに、軍事法廷における公判を外国メディアや人権団体をも対象に含めた完全公開とし、新聞に掲載すること

表 2：美麗島事件の被告人・弁護人と刑期（軍事法廷）

被告人	刑期	弁護人	被告人	刑期	弁護人
黄信介	懲役 14 年 公民権剥奪 10 年	鄭慶隆 陳水扁	施明徳	無期懲役 無期公民権剥奪	鄭勝助
姚嘉文	懲役 12 年 公民権剥奪 10 年	謝長廷 蘇貞昌	張俊宏	懲役 12 年 公民権剥奪 10 年	郭吉仁 尤清
林義雄	懲役 12 年 公民権剥奪 10 年	張政雄 江鵬堅	呂秀蓮	懲役 12 年 公民権剥奪 10 年	呂傳勝 鄭冠礼
林弘宣	懲役 12 年 公民権剥奪 10 年	張俊雄 李勝雄	陳菊	懲役 12 年 公民権剥奪 10 年	張火源 高瑞錚

表 3：美麗島事件の被告人と刑期（一般法廷）

被告人	一審判決	二審判決	被告人	一審判決	二審判決
周平徳	6 年	6 年	陳忠信	4 年	4 年
楊直矗	6 年	4 年 2 カ月	蔡垂和	4 年	3 年
邱茂男	6 年	6 年	傅躍坤	4 年	2 年
王拓	6 年	6 年	戴振躍	4 年	3 年
范政祐	6 年 6 カ月	4 年	陳福来	4 年	10 カ月
陳博文	6 年	3 年 6 カ月	潘来長	1 年 5 カ月	1 年 2 カ月
魏廷朝	6 年	6 年	李長宗	1 年 4 カ月	1 年 2 カ月
蘇振祥	5 年	1 年 6 カ月	王満慶	1 年 2 カ月	10 カ月
呉振明	5 年	3 年	陳慶智	1 年 2 カ月	1 年
呉文賢	5 年	3 年	許淇潭	10 カ月	9 カ月
許天賢	5 年	3 年	鄭官明	10 カ月	無罪
蔡有全	5 年	5 年	蔡精文	10 カ月	9 カ月
紀万生	5 年	4 年	劉泰和	10 カ月	無罪
邱垂貞	5 年	4 年	李明徳	10 カ月	10 カ月
劉華明	5 年	3 年 2 カ月	邱明強	無罪	無罪
余阿興	5 年	4 年	洪裕発	1 年 6 カ月	執行猶予 3 年
張富忠	4 年	4 年			

も許可した。この結果、軍事法廷において、死刑判決が下る案件が無期懲役あるいは有期の懲役刑に切り替わり、一般法廷においても一部の被告人の判決が減刑されたのである（表2と表3を参照）。

一九八〇年二月二十八日、美麗島事件の被告人である林義雄（台湾省議員）の母と二人の娘が殺害される事件（この他、もう一人の娘は重傷を負う）が発生すると、同事件への国民党政府の関与が疑われた。[13] さらに、国民党政府に打撃を与えることになったのは、四月二十四日「美麗島雑誌社」の中心的人物である施明徳の逃走を手助けしたという理由で、高俊明牧師らの長老教会関係者を逮捕したことであった（表4を参照）。これは反国民党・台湾独立志向を持つ長老教会への弾圧と看做された。

こうして国民党政府による人権侵害は、特に米国から非難の的となった。国民党政府は国家のイメージを回復させるために、一九七九年十二月に中止した中央民意代表増補選挙を再開させることを表明して、一九八〇年十二月六日に実施した。黄信介や張俊宏らの党外運動の精鋭分子が獄中にあるなかでの増補選挙であり、国民党政府は党外勢力を弱体化させる方策をとるが、党外勢力は立法委員と国民大会代表の増補選挙で議席を獲得して[14]、再出発を果たすことになった。

この選挙で、党外候補者のなかで最も注目されたのは、台北市から国民大会代表に立候補した姚嘉文夫人の周清玉と、第三選挙区（台中県市、彰化県、南投県）から立法委員に立候補した張俊宏夫人の許栄淑であったが、両夫人は美麗島事件で夫が囚われたため、夫の身代わりとして出馬したのである。結果は、両夫人ともに高得票での当選であった。

しかしながら、国民党は増補定数七十の立法院で五十七議席を獲得、同じく増補定数七十六の国民大会代表では六十三議席を占め、さらに国民党が大多数である「万年議員」を加えると、中央の議会において国民党が圧倒的多数を掌握し、党外勢力は依然として微々たる存在であった。

一九八〇年の増補選挙が終了した後、党外は康寧祥、張徳銘、黄煌雄らの穏健派が主導権を握り、彼らは党外の主流派と称された。主流派は主に公職者が中心メンバーであって、急進派が主張する街

表４：施明徳を隠匿した案件の判決

被告人	判決	被告人	判決
高俊明	懲役7年、公民権剥奪5年	林樹枝	懲役2年
呉文連	懲役2年、公民権剥奪2年	趙振貮	懲役2年、執行猶予3年
林文珍	懲役5年、公民権剥奪3年	施瑞雲	懲役2年、執行猶予3年
許晴富	懲役7年、公民権剥奪5年	黄朝輝	懲役2年、執行猶予3年
張温鷹	懲役2年、公民権剥奪2年	許江金桜	懲役2年、執行猶予3年

頭抗争ではなく議会政治を通じて改革を推進しようとした。この他、美麗島事件後、党外の新たなグループとして、（一）美麗島事件受刑者の家族、（二）美麗島事件の弁護団、（三）党外の新世代、が誕生した。（一）は主に事件受刑者の兄弟や配偶者から構成され、（二）は美麗島事件の弁護士から構成、（三）は党外雑誌社の編集者や作家などから構成されるもので、その多くは党外公職者が主宰する雑誌社に勤めて政論を執筆する知識人であり、選挙期間中は政策立案のほかに運動員となった。選挙を重ねるごとに第三のグループは徐々に規模を拡大させ、後に党外の新世代と称されるようになる。

一九八一年十一月十五日に実施される地方公職人員選挙戦に先立ち、党外は国民党政府が持つ権力を牽制して抑制と均衡（抑衡、checks and balances）を実現するために、党外候補を一括指名して推薦する「党外推薦団」を成立させる。同選挙では、謝長廷（姚嘉文の弁護人）と陳水扁（黄信介の弁護人）が台北市議会議員、蘇貞昌（姚嘉文の弁護人）が台湾省議会議員、呂伝勝が桃園県長に当選した他、美麗島事件の弁護士以外で、游錫堃が台湾省議会議員に当選した。選挙後、党外勢力は美麗島事件から立ち直ったかに見えたが、翌一九八二年になると、活動方針を巡って内部に亀裂が生じた。

一九八二年五月、康寧祥らは国民党と会談を行い、党外の公職人員全員で予め決定した「警備総部予算審議ボイコット」を独断で取り消したため、新世代は康寧祥の当局への譲歩、妥協、見逃し、寝返りを非難した（所謂「放水事件」）。これを契機に、新世代は康寧祥に対する批判を展開し、党外の路線を巡って穏健派と亀裂が生じた。穏健派は主に中央民意代表機構や地方議会に議席を保持している公職人員から構成され、彼らは議会制度や法的枠組みにおいて国民党政府を牽制して粘り強い交渉や駆け引きを経て、その妥協点を導き出す「議会路線」に基づく協商路線を採っていた。これに対して、新世代らの急進派は、「万年議員」の厚い壁に阻まれた議会において民主化の改革は前進しないと認識して、政論雑誌を以て党外の支持者を増やし、彼らを党外に取り込んで強固な大衆運動をつくり、場合によっては国民党政府と街頭で直接対峙しようと企てていた。つまり、急進派は「街頭路線」を採り、ボイコットを指向したのである。

一九八三年十二月三日に実施予定の立法委員の増補選挙に備え、穏健派は「一九八三年党外人士選挙活動後援会」の草案を作成して、党外組織の強化と拡大を図ろうとしたが、これが分裂の触媒となった。新世代はこの起草について、党外内部の民主政治の問題を指摘して、穏健派を非難した。このとき、康寧祥が「政治実力者の利益と意思が尊重されるべきである」と述べ、党外の現職公職者を公認候補として保障する特別条項を設けるよう提案したためである。康寧祥の発言は、急進派の不満を招き、林世煜や邱義仁らは、現職者優先の主張を国民党の「法統」になぞらえ、非改選の中央民意代表を保障している国民党と何ら変わらないと糾弾して、何れの候補者も党外内部の初選を通過した後に推薦しなければならないと主張した。この結果、両者の間で溝が深まり、別々の組織を設立することになった。

穏健派が九月十八日に「一九八三年党外人士立法委員選挙後援会」を発足する一方、新世代はそれより前の九月九日に、邱義仁を会長とする「党外編輯作家聯誼会」（以下、編聯会とする）を結成して、双方の軋轢がより大きくなった。

両者の不和が解消されないまま臨んだ一九八三年十二月の立法委員増補選挙で、党外は前回より議席数を減らした。編聯会の当選者は、許栄淑、方素敏（林義雄の妻）、江鵬堅（美麗島事件の弁護人）、張俊雄の四名であり、穏健派の重鎮である康寧祥、張徳銘、黄煌雄が落選した。

一九八三年の立法委員増補選挙終了後、穏健派では後援会を基礎とする常設の組織を設立する考えが浮上する。一九八四年一月から党外の中央と地方の民意代表は、協力・連携して、選挙戦略の調整、党外内部での党派主義の縮小、多種多様な政策調和を推進する常設機関の組織化を模索して、五月十一日に「党外公職人員公共政策研究会」（以下公政会とする）を設立、理事長に外省人のベテラン立法委員である費希平、秘書長に林正杰を選出した。公政会の入会条件は、現職公職者と公職経験者に限られた。しかし、国民党政府は、同一の性格を有する社会団体がすでに設立ならびに登記されている場合、同種の組織を新たに設立および登記することはできないという「人民団体組織法」の規定に基づき、公政会の設立は非合法であると述べ、解散もしくは改名することを求めた。これは国民党系の研究者が以前「中華民国公共政策学会」を創設していたためである。

一方、編聯会の呉乃仁や邱義仁らは一九八四年六月に雑誌『新潮流』を創刊して、公政会への対抗姿勢を示した。この結果、党外勢力は急進派の編聯会と穏健派の公政会に大きく二分されることになった。

公政会結成後、国民党政府の内政部と警備総司令部は、公政会に揺さぶりをかけ、十一月二十一日に内政部長の呉伯雄は、公政会は許可を得ていない非合法組織であり、もし自発的に解散しなければ、法律に則り、取締を行って処分すると言明した。公政会側はこの警告を深刻に受け止め、呉伯雄の発言は党外の鎮圧を計画しているものと判断して費希平が記者会見を開き、政府の解散命令は違法であると抗議する一方で、十二月に国民党秘書長の蔣彦士宛に朝野対話を求める書簡を送り、公政会の設立を承認するように求めた。

しかし、この書簡は後に公表され、その内容は、政府に対話を要請して媚びているという印象を与えたため、編聯会だけでなく、公政会内部からも非難の声が噴出した。この結果、費希平理事長と林正杰秘書長は辞任して、国民党との対話は立ち消えになり、後任の理事長に監察委員の尤清、秘書長に台北市議会議員の謝長廷を選出して、公政会の書簡問題に終止符を打った。

その後、国民党政府の内政部と警備総司令部は、公政会に対して何ら幹部の逮捕や拘束、組織の強制解散等の措置を行わなかったため、政府声明は単なる恫喝にすぎないのではないかと疑われるようになった。そこで、公政会への圧力が緩和した隙に勢力拡大を図り、翌年の増補選挙に備えるため、公政会は各地に支部の設置を進めるため、十二月二十六日には「分会設置弁法」（支部の設置規約）を決定した。

公政会と編聯会は、政治改革路線や戦略面において対立したが、一九八五年十一月の統一地方選挙を前に、双方は関係を修復した。それは陳文成事件や江南事件などが発生した結果、国民党政府の威信が失墜したので、このタイミングで強力な選挙後援組織を設立することが有利であると判断したためである。

一九九五年九月二十八日、両者は「一九八五年党外選挙後援会」を結成すると、ただちに推薦大会を開催して、審査と投票を経て、四十二名の党外推薦候補者を決定した。すなわち、県・市長選挙の推薦候補として尤清（台北県長選挙）、陳水扁（台南県長選挙）、許栄淑（台中市長選挙）、余陳月瑛（高雄県長選挙）ら合計七名、台湾省議員選挙の推薦候補として游錫堃と蘇貞昌ら合計十八名、台北市議会議員選挙の推薦候補として謝長廷と張徳銘を含めて合計十一名、さらに高雄市議会選挙の推薦候補合計六名を決定した。

同統一地方選挙において党外は、台湾住民による自決、民主憲法の実行と臨時条款の廃止、戒厳令の解除、地方自治法の改正、国民保険の実施、財閥独占への反対、経済秩序の再建と汚職の防止など二十項目の共同政見を掲げた。選挙結果は、県・市長選挙においては余陳月瑛のみが当選し、省議会議員選挙では推薦候補十八名のうち、游錫堃と蘇貞昌等十一名が、台北市議会議員選挙では推薦候補十一名全員が、高雄市議会議員選挙では推薦候補六名中三名がそれぞれ当選した。また、同統一地方選挙において、党外は平均得票率三十％、台北市では四十％を獲得した。この選挙結果について党外は、前回からの躍進の原因は、党外の組織化（後援会）にあったと認識した。

国民党の変化

一九七七年に中壢事件が発生した後、蔣経国の信任が厚かった国民党組織工作会主任の李煥は、事件の責任を負い、一時中央政界の表舞台から姿を消した。李煥の左遷によって躍り出たのは王昇である。[15] 彼は陸軍軍人であり、来台後は国防部総政治部主任であった蔣経国に長年にわたって仕え、彼自身は軍の政治工作と特務機関を一手に担い、一九七五年に国防部総政治作戦部主任兼陸軍二級上将（陸軍大将）へ昇進した。さらに、その四年後には、国民党の最高意思決定機関である中央常務委員会常務委員に就任した。この結果、王昇は軍事方面における最高実力者となり、政権内の一部から蔣経国の後継者と噂されて、徐々に自己の勢力拡大を画策するようになった。また、一九七九年十二月に美麗島事件が発生した時、彼は武力鎮圧を主導した人物であるといわれている。

王昇は国民党内部に既存の党組織とは別に、共産党の新たな政治攻勢に対応するために「復国小組」（後に「劉少康弁公室」）を設立して、その召集人となった。「劉少康弁公室」は、行政院長の孫運璿、国民党秘書長の張宝樹、参謀総長の宋長志らの政府、党、軍の最高指導者から構成され、王昇は徐々に党務、行政、外交、軍政、軍令系統に介入して越権行為を行った。さらに、米国政府高官が、権力を急速に増大させた王昇との接触を望み、彼に準公式の渡米を招請するにいたった。

当時、蔣経国は糖尿病が悪化して治療中であり、その権力に陰りの色が見えはじめていた。一九八三年四月、王昇は蔣経国の許可を得ずに渡米して、レーガン大統領をはじめとする米国政府関係者と会見して、自己の存在をアピールした。しかしその後、蔣経国は病状が好転すると、王昇の行為は、米国の後ろ盾を得て政治権力を奪取しようと画策したもので、これによって米国政府から台湾の内政に干渉する隙を与えたと認識した。蔣経国の王昇に対する不信感と怒りは凄まじく、蔣経国は即刻「劉少康弁公室」の解散を命じて、王昇を国防部総政治作戦部主任から国防部訓練部主任に追いやり、さらに彼の政治的影響力を排除するため、一九八三年十一月下旬に駐パラグアイ大使に任命して外国に転出させた。さらに、翌一九八四年二月の国民党第十二期二中全会において中央常務委員を解任して、中央委員へ降格させた。こうして王昇は失脚して政治の表舞台から姿を消したのである。

一九七〇年代末から一九八〇年代初めにかけて、国民党政府では特務機関が暴走して、国家の国際的イメージを大きく傷つけた事件が発生した。その事件とは、陳文成事件と江南事件である。

米国カーネギー・メロン大学統計学助教授の陳文成は、一九八一年五月下旬に家族とともに台湾に帰省していたが、七月一日に米国へ戻る予定であった。しかし、出国に必要な出境証が下りず、翌二日に警備総司令部に呼び出されて尋問を受けた後、帰宅途中に司法行政部調査局に拉致された。翌三日早朝、陳文成は台湾大学キャンパス内で変死体となって発見された。同日中に台北市警察局は陳文成が自殺したとコメントするが、夫人の強い要望によって解剖が行われた結果、遺体には、後頭部挫傷、肋骨十三本折断、腰部の脊椎骨三節折断、骨盤裂傷、胸部と腹腔に大量の内出血、その他に骨まで達する切り傷、突傷、火傷などがあることが判明した。しかし、警察当局は自殺という見解を崩さず、さらに警備総司令は陳文成には『美麗島』の基金を米国で募って、施明徳へ送金した罪があり、その罪を恐れて自殺したと主張した。

　夫人は米国へ帰国した後、カーネギー・メロン大学内で行われた陳文成追悼会において声明を発表して、特務機関による拷問殺害を糾弾した。陳文成の殺害事件について、『ニューヨーク・タイムズ』、『ワシントン・ポスト』、『タイムズ』、『ニュース・ウィーク』などの主要メディアが記事を掲載して、国民党政府による非人道的行為を強く非難した。さらに、陳文成殺害事件について、七月下旬に米国下院外交委員会アジア太平洋小委員会および人権小委員会が公聴会を開き、証人として出廷した夫人は声明文を読み上げ、証拠資料として夫の遺体写真を提示した。ソラーズ外交委員長、リーチ下院議員、バンク人権小委員長らは、国民党政府の悪質な人権侵害と米国におけるスパイ活動を強く非難するとともに、米国市民に対して脅しと迫害を行う国家に対して武器輸出を停止する決議案を採択した。この結果、米国政府は「対外援助法」と「武器輸出統制法」の改正に踏み切った。

　一九八四年十月十五日のサンフランシスコにおいて、『蔣経国伝』を執筆した台湾系米国人の江南（本名は劉宜良）が、自宅車庫前で何者かに銃殺される事件が起こった（江南事件）。『呉国楨伝』によれば、『蔣経国伝』には蔣経国を揶揄して批判する記述が多かったことから、事件の黒幕は国民党政府関係者であると噂された。その後、米国司法当局は、台湾有数の暴力団「竹聯幇」の最高幹部である陳啓礼（蔣孝武の中学時代の親友）とその輩下の呉敦と董桂森が実行犯であることを突き止めた。さらに蔣孝武が暗殺を首謀し、軍の特務組織である国防部情報局長の汪希苓海軍中将、副局長の胡儀敏陸軍少将、第三処副処長の陳虎門陸軍大佐がその命を受け、陳啓礼らに江南の暗殺を実行させたことが判明した。

国民党政府高官が大物マフィアを米国に送り込み、米国国内で米国市民を暗殺したという行為に対して、連日米国のメディアは江南暗殺事件を報道して国民党政府を糾弾した。その後、一九八五年二月七日に米国下院外交委員会が公聴会を開き、犯人引き渡し要求の決議を全会一致で可決した後、レーガン大統領も国民党政府に対して犯人の引き渡しを要求した。これに対して、国民党政府は米国と犯罪者を引き渡す協定がないことを理由に拒否したが、国民党政府の後ろ盾である米国からの要求を無視することもできなかった。結局、汪希苓らの軍人三名を軍事法廷で、陳啓礼らの三名を一般法廷で裁き、汪希苓、陳啓礼、呉敦の三名は無期懲役、董桂森ら三名に懲役十年の判決が下った。黒幕の蔣孝武は捜査や訴追の対象から外されたが、その引き替えとして蔣経国は、一九八五年八月十六日『タイム』紙との会見において、「今後の総統について、蔣家一族に継がせることは考えたことがない」と述べ、さらに同年十二月十五日の国民大会においても、蔣家による権力継承を否定して、今後軍事政権の出現はないと言及した。

蔣孝武は国家安全会議執行秘書として特務組織を統括し、一時は蔣経国の後継者の一人と噂されたが、江南事件後、中国広播公司総経理へ左遷され、一九八六年二月には駐シンガポール台湾商務事務処の副代表に任命されて国外転出を余儀なくされ、失脚した。

以上の二つの事件は、国民党政府中央組織の統制が利かないところで起きたものといわれるが、国民党政府の非人道的行為に対して、台湾の最大の擁護者であった米国から激しい批判を浴びることになった。これは米国が『台湾関係法』の規定に基づいて、国民党政府の人権軽視を糾弾したものであるが、その後、アメリカからの民主化要求が強まった。一九八四年五月三十一日、米国下院外交委員会アジア太平洋小委員会において、台湾の戒厳令撤廃、政治犯の釈放、民主化の推進、人権保障の勧告を決議し、八月十七日にはレーガン大統領が一九八五年度と一九八六年度の「外務授権法案」に署名して、米国は台湾の民主化要求に一層圧力を増し加えた。米国が台湾に民主化を断続的に要求し続けたのは、在米台湾人の反国民党団体である「台湾人公共事務協会」や「台湾人権協会」等が活発なロビー活動を行っていたことが要因の一つである。

米国から民主化要求の勧告を受けた国民党政府は、次第に党外勢力に対する強硬路線を緩和していく。一九八五年五月十六日、台湾省議会において党外議員十四名（全議員の約五分の一）が集団辞職を表明する事件が発生した。これは、定員超えの省政府委員会（法定人数は最大十一名であったが、実際は二十三名が就いていた）が上程した予算案を国民党議員が強行採決したことが発端であった。

党外議員は省政府と国民党議員の行った行為は不法決議であり、台湾住民の付託を裏切って地方自治を蔑ろにした背信行為であると糾弾して、集団辞職を表明した。世論は党外議員の集団辞職表明に注目したため、この事態を重く受け止めた蔣経国は、「できる限り衝突を回避し、譲れる所は譲って平和を維持せよ」と指示した。これにより、ただちに台湾省議会議長らが説得工作に当たり、党外議員十一名が辞意を撤回した結果、最終的に辞職したのは、游錫堃、蘇貞昌、謝三升の三名にとどまった。彼ら三名は故郷へ戻った後、立法委員に落選した康寧祥の協力を得て、国民党政府に対する抗議の講演会を台湾各地で精力的に行った。

表５：米国議会における台湾人権問題と民主化に対する関心事例

日期	事柄
1980 年 2 月 28 日	林義雄家族虐殺事件
1980 年 3 月 5 日	ケネディー上院議員が美麗島事件と林義雄家族虐殺事件の声明を発表
1980 年 3 月 12 日	議会決議案第 603 号を採択して、台湾向け武器輸出と人権対応をリンクさせる
1981 年 7 月 3 日	陳文成虐殺事件
1981 年 7 月 30 日	下院外交委員会アジア太平洋小委員会で公聴会を開く
1981 年 10 月 6 日	下院外交委員会アジア太平洋小委員会で陳文成事件に関する公聴会を開く
1981 年 12 月	武器輸出について、輸出国が米国内でスパイ活動を行っているか否かの事前調査を義務付ける法案が可決
1982 年 5 月 20 日	ケネディーとペル上院議員、ソラーズとリーチ下院議員が共同記者会見で台湾の戒厳令撤廃を呼び掛ける 下院外交委員会アジア太平洋小委員会で公聴会を開き、台湾の戒厳令や人権侵害問題を議論する
1983 年 2 月 28 日	「台湾人民の将来に関する上院見解の表明決議案」を提出
1983 年 5 月 20 日	ケネディーとペル上院議員、ソラーズとリーチ下院議員が共同記者会見で台湾戒厳令の早期撤廃を呼び掛ける
1983 年 11 月 9 日	「台湾人民の将来に関する上院の見解」決議案の公聴会を開く
1983 年 11 月 15 日	上院外交委員会で「台湾人民の将来に関する上院の見解」決議案を決議（台湾の将来は平和的に、強制によらず、かつ台湾人民によって受け入れられ、また米国議会によって立法化された台湾関係法及び米中共同コミュニケに沿う方法で決定されなければならない）
1984 年 5 月 31 日	下院外交委員会アジア太平洋小委員会で台湾の戒厳令撤廃、全政治犯の釈放、民主化と人権の保障勧告案を決議
1985 年 8 月 17 日	レーガン大統領が「外務授権法案」に署名して、台湾の民主化に圧力をかける
1986 年 5 月 20 日	「台湾民主化促進委員会」を設立して、ケネディーとペル上院議員、ソラーズ、リーチ、トリセリ下院議員が人権保障と民主化促進を求めた共同声明を発表
1986 年 6 月 25 日	下院で第 233 号決議案（台湾民主決議案）が可決、新党結成の承認、検閲制度の廃止と言論・集会・結社の自由の保障、完全な議会民主制の実現を要求

一九八六年三月二十九日、国民党第十二期三中全会を開き、中央常務委員三十一名を選出したが、本省人の比率は三十一人中十四人となり、平均年齢は六十七歳に若返った（一九八四年当時は平均七十歳）。この時、李登輝副総統は中央常務委員席次が九位から三位へと急上昇した。蔣経国は党の政策方針演説のなかで、民主憲政の推進と国家の近代化を強調し、「党の革新を以て行政革新に誘導し、行政革新を以て全面改進に導き、それを国家の近代化の基礎とするべきである」と述べた。

その後、四月九日、国民党中央常務委員会のうち、十二名の中央常務委員から構成する臨時の専案小組（通称「政治革新十二人小組」）を設置した。この「十二小組」は、三中全会における蔣経国の指示と体制改革を策定して実行するために設けたものであった[16]。李登輝の『見證台湾』によると、「この小組では、六項目の改革主題（①中央民意代表機構の充実、②地方自治の法制化、③国家安全法令の制定、④民間社団組織の設立、⑤社会気風・治安の改善、⑥党務工作の刷新）について実質的な進展はなく、会議では皆表面的な話をするばかりで真の改革には言及しなかった。三中全会で政治改革の推進を採択して十二小組を設置したことは、すべて蔣経国に対して口実をつくるためであり、真に改革を推進することではなかった。蔣経国はこの時、すでに改革の意思を抱いていたが、小組のメンバーが改革の方策を持っていなかったことを認知していた」と記述している。

このとき、蔣経国が政治改革の意思を抱いた要因は次の通りである。第一に、一九八六年二月フィリピンの政変でマルコス政権が打倒され、また、中国とソ連では民主化運動が展開され、米国においては五月十九日に「台湾民主促進委員会」が成立した後、六月二十五日米国下院において「台湾民主化決議案」を可決した結果、米国からの民主化要求がより一層強まったためである。つまり、蔣経国はフィリピンの政変に注視するとともに、米国の軍事的援助や政治的および経済的影響力を十分に理解していた。第二に、蔣経国が自身の体調に不安を抱えていたためである。蔣経国は糖尿病とその合併症が悪化していた。第三に、台湾人民が既存体制に不満を抱き、社会の自由化を望んでいたためである。一九八〇年代半ばまでに、政治運動だけでなく、労働者運動、環境保護運動、農民運動、原住民運動、学生運動、婦女運動などの活動が一挙に湧き起こり、蔣経国は台湾の前途や国民党政府による支配の継続に憂慮していた。

国民党政府は党外の公政会と支部設置問題を巡って対立していたが、蔣経国は一九八六年五月七日、国民党中央常務委員会において「中央政策会は、誠心誠意、各層各界の人士と意思疎通に努め、政治的調和と民衆の福祉を推進せよ」、「民主憲政を貫徹させるには、我々は絶え間なく進歩を追及していかねばならない。所謂進歩の追及とは、目を近視眼的な利益に置くのに留まらず、大所、遠所から利益を捉えることである。各界人士と溝通（対話）を行い、彼らの聴取を実施して、社会の安寧へと導き、国家の栄光の前途を切り開くために、彼らと共同して努力しなければならない」と主張し、国民党中央政策会は党外人士と交渉を行うように指示して、公政会に溝通への出席を求めた。これに対して、公政会幹部は蔣経国の主張が体制改革の決意であると認識して、溝通に対して歓迎の意を表明した。また、公政会幹部は溝通を通じて国民党上層部と直接接触し、支部設立問題に関して国民党が如何なる方法を採るのか探り、場合によっては、直接交渉した後に支部の設置を強行する方が得策であり、国民党政府中枢から一定の譲歩が引き出せるのではないかという期待感も抱いていた。

五月十日に一回目の溝通が行われた。出席者は国民党から梁粛戎、粛天譜、黄光平の中央政策会副秘書長、公政会から尤清理事長、謝長廷秘書長、游錫堃理事、張俊宏理事、江鵬堅立法委員、費希平立法委員、康寧祥前立法委員、仲介人は陶百川総統府国策顧問と台湾大学の胡佛、李鴻禧、楊国枢の三名であった。公政会の主な要求事項は、以下の通りである。①憲法を遵守して実行し、国民党が中央民意代表選挙の候補者を八月に指名する前に、健全な政党政治法案を提出すること、②集会結社および言論の自由の権利を保障して、政治団体の登記を不要にすること、③臨時条款と戒厳体制を廃止すること、④出版法を遵守し、雑誌への査察、発禁を濫用しないこと。国民党側は「我々国民党は、政治的和解と民衆の福祉を促進するために、誠心誠意の態度を以て、社会各方面の人士と溝通を進めなければならない。公政会が中華民国憲法を正確に認識し、党外という用語を使用せず、法律に則って登記することを望む。それにより、政府は公政会とその支部の設立に同意する。また、党外人士に求めることは、外国の民主政治の基準を我が国の政治状況に適用してはならず、自由と人権も非常時期に応じたものでなければならない」と主張した。

議論の結果、以下の三点で結論に達した。第一に、憲法の実施について合意を得たが、如何なる方法で民主憲政を推進するのかについては継続して話し合う。第二に、国民党政府は公政会とその支部の設置について同意する。ただし、登記と名称の問題については今後さらに議論を行う。第三に、交渉期間中に政治的和解のために共同して努力しなければならない。国民党は一定の譲歩を行い、公政会を溝通の場に繋ぎ留めることによって、党外の非合法活動や大衆路線へ転換することを防ぎ、党外内部の軋轢を高めた方が得策であるという政治的判断もあった。その後、五月十二日に「十二人小組」は溝通の結果を受け、①中央民意代表機構の改革、②地方自治の法制化、③戒厳体制の存廃、④結党・党禁の問題について、解決策を検討する作業に入った。二回目の溝通は五月二十四日に開き、前回議論した一点目と三点目については進展したが、二点目のなかで公政会の名称と登記の問題について進展が見られなかった。このため、公政会は国民党政府との溝通を打ち切り、七月に入ると、公政会指導部は「組党行動企画小組」を秘密裏に設けて、新党結成の準備に取りかかる。

以上の通り、国民党と公政会の溝通はほとんど成果を上げることができなかった。国民党は党外の最大勢力である穏健派の公政会を操って党外の足並みを乱し、国民党主導で体制改革を実施しようと画策するとともに、公政会を溝通の席に着かせて「議会路線」と「協商手段」から逸脱させないように誘導しようとした。しかし、公政会側は国民党との交渉が蔣経国の体制改革の決意と「十二人小組」の体制改革計画によって拘束されている状況を見透かして、溝通と決別した後、より急進的で速効性のある方法を採ることになる。

民主進歩党の成立

一九八五年統一地方選挙が終了した後、党外はさらなる組織化と支持基盤の獲得を試みた。公政会は規定を改定して、非公職者の入会と地方支部の設立に邁進する。また、一九八六年十二月に予定されていた増補選挙に備えて、八月に党外の統一組織として「党外全国選挙後援会」を立ち上げた。それに先立ち、公政会は七月初めに秘密裏に「十人小組」を結成し、一定の時間をかけて党章と党綱を議論するが、具体的に結党へ向けた行動は行わなかった。

編聯会も八月に密かに結党を計画して党の政綱を討議した。九月十九日には党外各部門の代表三十四人が康寧祥の召集で集まって選挙情勢を話し合い、さらに尤清、謝長廷、江鵬堅、邱義仁、李勝雄らから構成する小組を設けて、党名、党綱領、党章を議論することを決定した。九月二十七日、党外内部で結党座談会を開き、「党外全国選挙後援会」に結党工作を提案して、それを大会の議事日程の初日に組み入れることになった。翌二十八日「一九八六年党外選挙後援会」の大会を開催すると、最初に尤清が提案人として、結党工作の提案内容を説明した。主な内容は次の通りである。①党外の目標は結党であり、結党の時機は今年が最も良い、②結党の準備工作はすでに順調に進み、党章と党綱領の草案もすでに完成している、③すでに完成している党章と党綱領は、すべて用いることが可能である、④今日全国党外後援会大会の出席者すべては、結党工作の発起人を務めることができる、⑤党名の候補は現在までの所、民主進歩党、自由党、自由進歩党、台湾民主党、台湾進歩党などがあり、出席者が共同して決定することができる。

一九八六年九月二十八日、台北市の圓山大飯店において「一九八六年党外選挙後援会」の出席者による全会一致で民主進歩党の成立宣言を行い、新政党の結成を強行した。民主進歩党という名称は中国と台湾の連鎖だけでなく、社会主義、自由主義、資本主義との論争を回避するために択ばれたものであった。また、公政会や編聯会等の党外の諸団体は解散して、民進党へ統合された。

他方、国民党政府では民進党の結成宣言が突然行われたことに対して、翌二十九日の教師節の振替え休日の日に、行政院は急遽関係部署の責任者を招集して、新政党成立の対策会議を開いた後、総統府において蔣経国が主宰する緊急対策会議を開いた。そのなかで蔣経国は、関係者の逮捕を見合わせ、「十二小組」の第二分組（召集人は黄少谷）に戒厳令の解除と新党結成問題の検討を促進するよう指示した。蔣経国の指示に従い十月四日に「十二小組」が会議を開き、結論に達した内容は次の通りである。①「国家安全法」の制定を以て、戒厳令を適切な時期に解除し、解除に伴う種々の問題点の解決策は、法務部と国防部が検討する、②「動員戡乱時期人民団体組織法」を改正して政治団体の結成を認める、③「公職人員選挙罷免法」と「選挙資金法」を改正して、政治団体が選挙に出馬できるようにする。この結果を蔣経国に報告して裁可を仰ぎ、承認を得た。

十月七日、蔣経国は台湾訪問中の『ワシントン・ポスト』紙会長のキャサリン・グラハム女史との会見の席において、戒厳令および党禁解除の意思を表明し、新党容認の三つの条件、①中華民国憲法の遵守、②反共国策の支持、③台湾独立と一線を画すこと（蔣経国三原則）を明らかにした。一方、この発言に対して、民進党側は謝長廷が「我々民進党は、蔣氏が述べた三条件のうち、一・五原則しか呑めない。すなわち、反共は容認するが、反台湾独立は承認することができない。憲法については、人民の諸権利を擁護している部分は遵守するが、国民党政府が中国を代表する正統な政府であるということは承認できない」と述べた。

十月十五日、国民党中央常務委員会において「動員戡乱時期国家安全法」と「動員戡乱時期民間社団組織法」の草案を採択した後、蔣経国は次の有名な談話を述べた。「時代が変わり、環境が変わり、流れもまた変わりつつある（世事在變、局勢在變、潮流也在變）。これらの変化に対応するために、新政党は新たな観念、新たなやり方を以て、また民主憲政体制に基づいて、体制革新を推進しなければならない。ただそうすることによってのみ、時代の流れと結合することができ、民衆と永遠に一緒であることができるのだ」。

九月末に結党のみを宣言した民進党は、十一月六日に党章と党綱領の草案を発表したが、基礎綱領のなかで「台湾の前途に対する住民自決」が謳われた。十一月十日に第一回全国党員代表大会を開催して、党規約、基本綱領、行動綱領を採択するとともに、百五十名の党員代表が中央執行委員三十一名と中央常務委員十一名（穏健派五名と急進派六名）、中央評議委員十一名を選出した[17]。最後に党主席選挙が行われ、江鵬堅が費希平を破り、民進党の初代主席に就任した。これまで国内の党外勢力と不仲であった許信良をはじめとする在米の台湾独立運動の勢力は、民進党へ合流することになった。

一九八六年十二月六日に実施する立法委員と国民大会代表の増補選挙に向けて、民進党は十六項目の共同政見を発表した。主な内容は次の通りである。①台湾住民自決の確立、②戒厳令の解除と臨時条款の廃止による民主憲政への回帰、③中央民意代表機構の全面改選と総統の直接民選、④地方自治の合憲化と省市長の直接民選、⑤社会福利政策の推進と婦女、障碍者、労働者、農民、漁民、少数民族などの権益の保障、⑥独立自主外交の発展、台湾海峡両岸の和平の推進、国連への再加入、である。

選挙結果は、立法委員において国民党は五十九議席、民進党は十二議席（得票率は二十二・一七％、党外の前回は六議席で十八・七七％）を獲得して、国民大会代表では、国民党は六十議席、民進党は十一議席（得票率十八・九％、前回は六議席）獲得した。この結果、民進党は市民から認知されるとともに、市民の付託に誠実に応えなければならない責任政党としての地位に就くことになった。以上の通り、国民党は蔣経国の主導で、民進党に対して「承認しないが、取締もしない」態度を採ったため、一九八六年十二月に台湾史上初の事実上の複数政党選挙が実現したのである。

註

1　一九八九年十二月二日に実施した選挙は、立法委員増補選挙、県・市長選挙、台湾省議会議員選挙であったため、この三つ選挙を合わせて「三合一選挙」と称する。

2　中華民国憲法第二十七条の規定によると、国民大会の職権は次の通りである。①総統と副総統の選挙、②総統と副総統の罷免、③憲法改正、④立法院が提出した憲法修正案の再議決（國民大會之職權如左：（一）選舉總統、副總統：（二）罷免總統、副總統：（三）修改憲法：（四）複決立法院所提之憲法修正案）。

3　中華民国憲法第一百七十四条第一項の規定は次の通りである。「憲法改正は、左列の手続きの一つに拠らなければならない（憲法之修改、應依左列程序之一為之）」。第一項は「国民大会代表の総数の五分の一が提起し、三分の二の出席、および出席代表の四分の三が決議すれば、これを修正しなければならない（由國民大會代表總額五分之一之提議、三分之二之出席、及出席代表四分之三之決議、得修改之）」。

4 動員戡乱時期臨時条款第一項の規定は次の通りである。「総統は動員戡乱時期において、国家あるいは人民に緊急の危機を避けるため、また政治経済上の大変動に対応するため、行政院会議の決議を経て、緊急処分を行い、憲法第三十九条あるいは四十三条に規定している手続きの制限を受けない（總統在動員戡亂時期、為避免國家或人民遭遇緊急危難、或應付財政經濟上重大變故、得經行政院會議之決議、為緊急處分、不受憲法第三十九或四十三條所規定程序之限制）」。

5 中華民国憲法第三十九条の規定は、次の通りである。「総統は法によって戒厳を公布するが、立法院の採択あるいは批准を経なければならない。……（總統依法宣布戒嚴、但須經立法院之通過或追認。……）」。また、憲法第四十三条の規定は「国家が自然災害や伝染病に見舞われ、あるいは国家の財政経済上重大な変事が生じて、早急に処理しなければならないとき、総統は立法院休会期間中において行政院の会議の決議を経なければならず、緊急命令法によって緊急命令を発布して必要な措置を行う。但し、命令発布後一ヶ月以内に立法院に提出して承認を受けなければならない。もし立法院が同意しないとき、この緊急命令は直ちに失効する（國家遇有天然災害、癘疫、或國家財政經濟上有重大變故、須為急速處分時、總統於立法院休會期間、得經行政院會議之決議、依緊急命令法、發布緊急命令、為必要之處置。但須於發布命令後一個月內提交立法院追認。如立法院不同意時、該緊急命令立即失効）」。緊急処分権を発動した主な事例は、次の通りである。①一九四八年八月十九日の「財政経済緊急処分令」、②同年十二月十日の「全国戒厳令」、③一九四九年一月十九日の「黄金短期公債」、④同年二月二十五日の「財政金融改革案」、⑤同年七月二日の「制定銀元及銀元兌換券発行弁法」、⑥同年七月二十三日の「愛国公債条例」、以上は中国で発布した緊急措置命令で、以後は台湾においてである。⑦同年八月三十一日の「八七水害搶救重建等緊急処分令」、⑧一九七八年十二月十六日の対米国断交後における選挙活動を暫時停止する命令、⑨一九七九年一月十八日の選挙活動を暫時停止する命令の取消、⑩一九八八年一月十三日の蔣経国逝去による葬儀期間中における集会・デモの禁止命令。

6　憲法第四十七条は「総統、副総統の任期は六年で、再選を果たすのは一回である（總統、副總統之任期為六年、連選得連任一次）」と規定している。

7　一九六〇年三月十一日に動員戡乱時期臨時条款を改正し、総統に任期について次の規定を追加した。「動員戡乱時期、総統副総統は再選を果たすことができ、憲法第四十七条の連任一回の制限を受けない（動員戡乱時期、總統副總統得連選連任、不受憲法第四十七條連任一次之限制）」

8　一九七二年六月二十九日に「動員戡乱時期自由地区増加中央民意代表名額選挙弁法」を公布して、国民大会代表五十三名、立法委員五十一名、監察委員十五名の増員を決定する。増員で選出された国民大会代表と監察委員の任期は六年、立法委員の任期は三年であった。

9　一九七二年十二月二十三日に実施した選挙は、国民大会代表と立法委員の増補選挙、台湾省議会議員選挙、県・市長選挙である。国民党は国民大会代表と立法委員の増補選挙で七十六議席、省議会議員選挙で五十五議席、県・市長選挙で二十議席獲得する（全一百八十二議席のうち、一百五十一議席を獲得）。一方、無党籍は省議員選挙で十五議席獲得した他、立法委員選挙では、許世賢、康寧祥、黄寧興、張淑眞らが当選した。

10 統一地方選挙の結果は次の通りである。県・市長選挙において国民党は十六議席、党外は四議席を獲得（桃園県長は許信良、高雄県長は黄友仁、台中市長は曽文坡、台南市長は蘇南成）。省議員選挙は定員七十七議席のうち、国民党が五十六議席、党外は二十一議席を獲得。台北市議会議員選挙は定員五十一議席のうち、国民党は四十三議席、党外は八議席を獲得。県・市議会議員選挙は合計八百五十七議席のうち、国民党は七百十一議席、党外は一百四十六議席を獲得。郷鎮市長選挙は合計三百十三議席のうち、国民党は二百九十二議席、党外は二十一議席を獲得。

11 『美麗島』誌の発行部数は、創刊号が五万部、第二号は七万部、第三号は十万部、第四号は十四万部であった。

12 『台湾関係法』第二条C項は、「本法律に含まれる如何なる条項も、人権、特に約一千八百万人の台湾全住民の人権に対する合衆国の利益に反してはならない。台湾のすべての人民の人権の維持と向上が、合衆国の目標であることをここに再び宣言する（Northing contained in this Act shall contravene the interest of the United States in human rights, expecially with respect to the human rights of all the approximately 18 million inhabitants of Taiwan. The preservation and enhancement of the human rights of all the people on Taiwan are hereby reaffirmed as objective of the United States.)」と規定している。

13 林義雄が逮捕された後、特務が四六時中監視している状況下、殺害事件は白昼に起きた。

14 一九八〇年十二月六日に実施した増補選挙は、国民大会代表で定員七十六議席のうち、国民党六十三議席、党外十二議席、民社党一議席を獲得し、立法院選挙では定員七十議席のうち、国民党五十七議席、党外は十三議席獲得した。

15　李煥は救国団主任、党組織工作会主任、革命実践研究院主任等を務め、青年反共救国団を主とする党団文官系統の出身で、一九八〇年に国立中山大学学長に就任する。一方、王昇は政工幹部学校を中心とする軍政武官系統の出身であった。

16　「十二小組」のメンバーは以下の通りである。厳家淦元総統（召集人、外省人、八十二歳）、謝東閔前副総統（本省人、八十歳）、李登輝副総統（副召集人、本省人、六十三歳）、谷正綱元内政部長（外省人、八十四歳）、黄少谷司法院長（外省人、八十六歳）、兪国華行政院長（外省人、七十三歳）、倪文亜立法院長（外省人、八十二歳）、袁守謙元交通部長（外省人、七十九歳）、沈昌煥総統府秘書長（外省人、七十三歳）、李煥教育部長（外省人、六十九歳）、邱創煥台湾省政府主席（本省人、六十一歳）、呉伯雄内政部長（本省人、四十七歳）。

17　中央執行委員は以下の通りである（○は常務委員）。黄爾璇、○江鵬堅、許栄淑、○尤清、○費希平、○康寧祥、○洪奇昌、○謝長廷、傅正、○呉乃仁、黄昭凱、張俊雄、○游錫堃、陳武進、○蘇貞昌、戴振耀、楊雅雲、○潘立夫、○周滄淵、周清玉、鄭介雄、顔錦福、施性平、周伯倫、蔡仁堅、張富忠、林文朗、楊祖珺、張徳銘、余玲雅、何文杞。また、中央評議委員は以下の通りである。（○は常務評議委員）。○陳菊、○邱義仁、○呉鐘霊、○鄭吉仁、許国泰、○王義雄、李茂全、廖学廣、林濁水、蔡式淵、蔡龍居。

参考文献

李筱峯、『臺灣民主運動四十年』臺北、自立晩報、一九八七年。

彭懷恩、『台灣政治變遷四十年』臺北、自立晚報、一九八七年。

伊原吉之助、『台湾の政治改革年表・覚書（一九四三―一九八七）』奈良、帝塚山大学教養学部紀要、第三十一号、一九九二年。

若林正丈、『台湾：分裂国家と民主化』東京、東京大学出版会、一九九七年。

戴天昭著、李明峻譯、『台灣國際政治史（完整版）』臺北、前衛出版、二〇〇二年。

賴昭呈、『臺灣政治反對運動：歴史與組織分析（一九四七―一九八六）』臺北、國立臺灣師範大學政治學研究所博士論文、二〇〇五年。

日台関係研究会編、『辛亥革命一〇〇年と日本』東京、早稲田出版、二〇一一年。

呉乃德、『百年追求：臺灣民主運動的故事 卷二 自由的挫敗』新北、衛城出版、二〇一三年。

胡慧玲、『百年追求：臺灣民主運動的故事 卷三 民主的浪潮』新北、衛城出版、二〇一三年。

呂芳上主編、『戰後初期的臺灣（一九四五―一九六〇s）』臺北、國史館、二〇一五年。

陳世昌、『戰後七〇年臺灣史：一九四五―二〇一五』臺北、時報文化出版、二〇一五年。

『中国時報』

『聯合報』

司法院大法官解釈　http://www.judicial.gov.tw/constitutionalcourt/p03.asp
中華民國法務部全國法規資料庫　http://law.moj.gov.tw/

第三章　民主進歩党結党から陳水扁政権樹立まで

平成国際大学准教授　加地直紀

はしがき

一九八六年九月二十八日、民主進歩党（以下民進党）は呱々《ここ》の声をあげた。つまり本年二〇一六年は、民進党結党三十年の節目にあたる。民進党の三十年は苦難と栄光の歴史であった。民進党は党内外の苦難、すなわち中国国民党（以下国民党）政府による弾圧と党内対立に耐え、政権獲得という栄光を掴んだ。

民進党の苦難は結党前の党外人士時代に起因する。本章では党外人士を、後述する二・二八事件以後、国民党に所属せず、外来政権である国民党政権の強権政治に反発してきた人々と定義づける。国民党政権に対する反発には、二つの立場がある。一つは独裁に対する反発であり、ここから民主化要求が生まれる。もう一つは外来政権であること、あるいは中華民国こそ中国を代表する正統国家であるという虚構への反発であり、ここから中華民国の台湾化要求が生まれる。後述する台湾人の台湾という台湾意識からすれば、台湾における民主化は台湾化と同義であるといえる。

国民党が中国大陸から台湾へ移行した後、蔣介石は独裁体制を、息子の蔣経国は権威主義体制を確立し、国民党以外の政党の存在を認めなかった。これに対し国民党政権に反発する党外人士は、様々な立場から抵抗を試みた。異なる立場の党外人士が大同団結し結党されたのが民進党であり、この点が「派閥争いが起こりやすい弱点の本」であった。[1]

台湾人の台湾をつくる、台湾は台湾であって中国ではない、台湾人は台湾人であって中国人ではないという意識を、本章では台湾意識と呼ぶことにする。後述する台湾人アイデンティティーや台湾ナショナリズムも、台湾意識と同義として位置づける。かような観点に立てば、民進党は台湾意識を共有するが故に大同団結できるのであり、党内対立は、国民党政権への抵抗方法や、台湾人の台湾を実現する方法や時期をめぐって対立しただけであるといえよう。結論を先にいえば、台湾意識を共有していたからこそ、内部対立がありながらも民進党は分裂しなかったといえる。

本章では、第一に陳水扁政権樹立までの台湾民主化の歴史を概観し、第二に晩年の蔣経国に焦点を当て、第三に民進党が描く政権獲得過程を検討する。これにより、政権獲得までの民進党の苦難と栄光の歴史、換言すれば党内外の苦難にもかかわらず分裂せず、ついに政権を獲得した過程を明らかにするのが、本章の目的である。

なお若林正丈『東アジアの国家と社会2　台湾　分裂国家と民主化』（以下『若林台湾』）をはじめとする学術研究では、七〇年代から民主化要求をはじめた反国民党人士を党外人士と表記するのが通例であるが、本章では上記のように定義づける。[2]

政権獲得までの概観

本節ではまず国民党政権の台湾移行から、二〇〇〇年の陳水扁総統当選までの民主化の歴史を、主として浅野和生『台湾の歴史と日台関係』（以下『台湾史』）、浅野和生編著『台湾民主化のかたち　李登輝総統から馬英九総統まで』に基づき、次いでその過程における党外人士や民進党の活動を、主として伊藤潔『台湾』、井尻秀憲『台湾経験と冷戦後のアジア』、同『激流に立つ台湾政治外交史　李登輝、陳水扁、馬英九の二五年』（以下『激流』）に基づき、全般的には『若林台湾』、若林正丈『台湾の政治　中華民国台湾化の戦後史』（以下『台湾政治』）、丸山勝『陳水扁の時代―台湾・民進党、誕生から政権獲得まで』（以下『陳水扁』）を参考にして概観する。

まず民主化の歴史をみる。国民党政権は第二次世界大戦後の中国大陸において中央民意代表選挙、すなわち一九四七年に第一期国民大会代表選挙、翌年には第一期立法委員選挙を実施した。その後、一九四九年に国民党政府が台湾へ移転すると、中国を代表する政府としての正統性を維持することが困難になる。国民大会代表は相当数移転したものの、立法委員は三分の二が移ったにすぎないからである。ちなみに国民大会は主として総統選出と憲法改正を担当する最高国家機関であり、立法院は国会に相当する。

ところで、中華民国こそ中国を代表する政府として維持したい蒋介石政権としては、四七、四八両年に中国大陸で選出された第一期中央民意代表を温存する必要があったが、一九四七年に制定された中華民国憲法やその他の法令には中央民意代表の任期を延長する根拠はなかった。そこで同政権は、非常時における臨時法を意味する動員戡乱時期臨時条款（以下臨時条款）を制定、総統に立法院の追認を必要としない緊急処分権を附与し、中華民国が中国大陸に復帰する「大陸光復」まで改選を延期することとし、任期を延長した。こうした手続きにより、台湾に移転した中華民国の中央民意代表機関に中国全土で選出された中央民意代表がいるように装った。このようにして任期が延長され続けた結果、台湾人の民意を反映しない第一期中央民意代表を、万年議員と呼ぶ。また四九年には、台湾全土に戒厳令を布告しており、その後は戒厳令関連法令を発令した。かくて戒厳令や臨時条款により、独裁体制は強化された。

しかし、民意を反映していない中央民意代表機関への台湾人の不満は高まり、一九八〇年代後半には政治改革が急務となる。加えて一九八四年、米国で江南が暗殺される江南事件が起こった。江は著書『蔣経国伝』において、蔣経国総統の国民党政権にとり好ましくない記述をしていた。その江が米国で暗殺され、暗殺に中華民国特務機関が関与していたこと、しかも蔣経国の次男蔣孝武が関係していたことが露見した。このため米国は蔣経国政権に対し、民主化圧力を加えることになる。また、八〇年代半ばにフィリピンではマルコス大統領による独裁が終焉し、民主化が果たされていた。こうした情勢を受け蔣経国は一九八五年、蔣家から後継総統を出さないことを二度にわたり表明するにいたった。

さらに蔣経国は一九八六年三月、権威主義体制下の政治改革に着手した。国民党に政治革新十二人小組を結成し、戒厳令の存廃、国民大会・立法院の改革、地方首長の民選、新政党の成立を検討させた。このような状況下の同年九月二十八日、党外人士の大同団結として、民進党が結成された。ここで注目すべき点は、国民党以外の政党を禁ずる党禁、戒厳令や臨時条款がいまだに存在していたことである。それにもかかわらず逮捕者が出なかったということは、次節でみるように、国民党政府は新党結成を黙認したということであり、明白に従前とは異なる対応であった。なお八六年十月十五日に蔣経国は、戒厳令解除と新党承認を求める十二人小組の提案を認め、政治的自由化に踏み切る。これは政治的自由化を台湾内外に表明したことになり、いわば戒厳令解除と新党承認の前倒しである。その後、前者は翌八七年七月、後者は八九年一月に正式に実施される。その間、蔣経国は新党に対して、承認もしないが取り締まりもしないという態度で臨んだのである。

一九八七年七月十五日に三十八年間続いた世界最長の戒厳令が、八八年元旦には新たな新聞の発行を禁じていた報禁が解除され、政治改革が一段と進んだ。もっとも党禁解除は翌八九年一月のことであり、それまでは民進党の存在はあくまでも黙認されたものにすぎなかった。

一九八八年一月、蔣経国総統が突然死亡し、副総統であり本省人（台湾人）の李登輝が、中華民国憲法の規定に従い総統に昇格した。さらに同月、李登輝は国民党代理主席に就任する。台湾における中華民国は国民党が国家を支配する体制であり、かつ動員戡乱時期、すなわち非常時の台湾にあっては、国家機関より国民党が優位にあった。したがって本省人総統の誕生はともかく、本省人の国民党代理主席就任には、同党保守派や戦後中国大陸から移行してきた外省人が抵抗を示した。しかし国民党副秘書長であり外省人でありながら、何よりも人心動揺を危惧した宋楚瑜の画策により、代理主席就任が実現した。もっとも李登輝自身は『李登輝実録—台湾民主化への蔣経国との対話』（以下『実録』）のなかで、宋の画策により代理主席就任が決まったわけではないとしている。ちなみに同年七月、李登輝は正式に主席に就任する。

波乱含みのスタートを切った李登輝政権は、台湾民主化を推進していく。最初の改革は、老賊とまで酷評されていた万年議員の退任と、それを受けた台湾における各選挙の実施であった。一九八八年三月、動員戡乱時期において行政院（内閣に相当）に優先する存在であった国家安全会議を開催し、中国大陸で選出された万年議員、すなわち第一期国民大会代表・立法委員の退職を決定した。

この決定は事実上、中華民国が中国ではなくなり、台湾となることを意味する。中国大陸で選出された万年議員が退職すれば、もはや中国大陸で補充する術はなく、中華民国政府は台湾のみを統治する政府となるからである。換言すれば、中国全土を統治する中華民国政府という虚構を否定することになる。したがって万年議員の退職は民主化のみならず、中華民国の台湾化をも意味した。もっとも八八年の段階では万年議員問題の解決にはいたらなかった。このときの李登輝は急逝した蔣経国の残任任期という急場をしのぐための、いわばワインポイント・リリーフにすぎない。かように権力基盤が脆弱な李登輝は、一九八九年十二月二十五日の憲法記念日に、政治改革は憲法修正ではなく臨時条款修正による、とする保守的な方針を語り、輿論を失望させた。しかし後述のように翌九〇年には三月学生運動をはじめとする大衆運動の圧力を受け、憲法修正、臨時条款廃止へと転ずる。

ワンポイント・リリーフがエースになるためには、蔣経国の残任任期が終わる一九九〇年に、引き続き総統と国民党主席の座を死守する必要がある。同年二月に正・副総統候補として、本省人李登輝を中心とする国民党主流派は李登輝・李元蔟ペアを、蔣経国の弟・蔣偉国ら外省人を中心とする同党反主流派は、林洋港・蔣偉国ペアを擁立し、総統の座を争った。いわゆる二月政争である。ちなみに李元簇は外省人であり、林洋港は本省人であり、両派ともに総統候補として本省人を、副総統候補として外省人を選んだことになる。両派は正・副総統を選出する国民大会代表に対し、熾烈な多数派工作を行った。国民大会代表は、ほとんどが中国大陸で選出された万年議員であり、李登輝は彼らとの関係が薄く、ここが反主流派の付け目であった。逆に自らの弱点を自覚する李登輝は李元簇とともに、一人一人の私邸を訪問し支持を求めた。李登輝が反主流派の一人である李煥の自宅を訪問した際には、本人不在のため妻により門前払いにされたこともあった。しかし三月になると蔣孝武が叔父偉国の出馬を非難したこともあり、林・蔣ペアは出馬を辞退するにいたる。

　このようにして、「最もきつい時期」と評される[3]二月政争を李登輝は乗り切ったが、国民党反主流派や、台湾の民意を代表しない万年議員の横暴に大学生が反発し、いわゆる三月学生運動を起こした。すなわち、彼らは蔣介石を記念する中正紀念堂前に座り込み、国民大会の解散、臨時条款の撤廃、国是会議の開催、政治経済改革工程表の決定という四大要求を唱えた。総統に選出された李登輝は国是会議開催を約束し、大学生の要求に応えた。なお三月学生運動には大学生の外に、民進党関係者や研究者も加わっていた。

　一九九〇年六月、李登輝は約束通り国是会議を開催した。国是会議とは、国民大会や立法院といった中央民意代表機関が万年議員で占められており、台湾の民意を代表しているとはいえないため、各界代表を募り、国家のあるべき姿を議論する場である。具体的には中央民意代表の外に学界代表、政党代表、学生代表など百五十人が招集され、憲法修正に着手する場となった。つまり事実上の憲法制定会議に近い意味合いを持っていた。同会議で万年議員の早期退職、省長・直轄市長・総統の直接民選、臨時条款廃止、大陸政策の調整が提言され、これらが憲政改革の指針となった。

憲政改革は「一機関、二段階」の方針で進められることになった。第一段階として万年議員を含む現国民大会代表により、第一期国民大会代表・立法委員すべての退職と第二期国民大会代表・立法委員の選出方法とを決定するための憲法修正を行う。第二段階として新たに選出された第二期国民大会代表により、国是会議が示した民主化のための憲法修正を進める。つまり憲法修正である以上、担当するのは国民大会という一つの機関であるが、改革は二段階に分け、まずメンバー交代だけを決める第一段階の後、第二段階として民意を反映した新メンバーで以後のルールづくりを行うということである。

この基本方針に基づき、六次にわたる憲法修正が行われ、臨時条款の廃止、正・副総統の直接民選、国民大会代表の定数削減や国民大会の非常設化が実現した。こうして李登輝は中華民国の民主化を行ったが、これは同時に中華民国の台湾化でもある。臨時条款の廃止、中国大陸で選出された万年議員の退職や、台湾国民による総統直接選挙は、台湾における民意を反映させるという点で民主化であるが、中華民国政府は中国大陸を統治するという虚構を完全に否定した点では中華民国の台湾化でもある。したがって台湾人の台湾を目指す野党民進党は李登輝の改革に賛成であり、台湾は中国の一部であるという虚構に立つ国民党反主流派（外省人派）は、同一政党でありながら見解に相違があった。

ちなみに総統時代の李登輝が中華民国台湾化の意図を有していたことは、次の点からもわかる。彼は一九九四年、司馬遼太郎との対談で、これまで台湾の権力を握ってきたのはすべて外来政権であり、「国民党にしても外来政権」であるから「台湾人の国民党にしなければいけない」と述べた。[4] 現役の中華民国総統である以上「台湾人の台湾」にまでは踏み込めなかったのであろうが、根底には台湾人の台湾という台湾意識があることは十分推測できる。であるからこそ後述のように「隠れ独立派」と評されたのであろう。事実、総統退任後には、「中華民国は台湾に移り台湾化し中華民国在台湾となり、最近は台湾中華民国にまで意識が進んだ、いずれはニューリパブリック、第二共和国にしないといけない」とまで述べている。[5]

つまり国民党本省人派と民進党は協調関係にあり、国民党内では本省人派と外省人派とが対立関係にあった。このため、国民党の外省人派は国民党から分裂し、一九九四年に中国新党が、二〇〇〇年には宋楚瑜により親民党が結成された。またこれらの民主化の結果、二〇〇〇年、民進党の陳水扁が総統に当選し、台湾史上初の政権交代が起こったことに明らかなように、李登輝による民主・台湾化は台湾における中華民国を完璧な民主主義国家としたのである。

以上のような蔣介石による独裁体制、蔣経国による権威主義体制、李登輝による中華民国の民主・台湾化ならびに国民党の分裂という歴史のなかで、党外人士や民進党が如何に奮闘したかを次にみる。

上述した蔣経国による政治改革や李登輝による民主化は政権側からの、いわば「上からのイニシアティブ」、党外人士や民進党による民主化要求は「下からのイニシアティブ」と位置づけられている（『激流』）。「下からのイニシアティブ」は一九四七年にはじまる。

すなわち中華民国の台湾への移行に伴い、台湾人は中華民国兵士の強奪・狼藉、官吏の腐敗・貪欲に不満を鬱積させ、ついに一九四七年二月二十八日に爆発した。前日夕刻、闇煙草を販売していた台湾人寡婦が取締員に商品と所持金を没収され、頭部を殴打されて流血した。また、これを止めようとした第三者が銃殺された。これを契機に翌二十八日以降、台湾全土で台湾人が抗議行動を起こしたが、国民党政府は中国大陸から増援部隊を派遣し鎮圧した。鎮圧過程では、台湾人の鼻や耳をそぎ落とす、複数の台湾人の手や足に針金をさして束ね、そのまま海に投げ込む、台湾人を麻袋に詰めて海や川に投げ捨てる、あるいは台湾人を処刑前に市中引き回しにし、処刑後は見せしめのために数日間放置するという残虐行為があった（『台湾』）。しかも国民党政府は事件関係者だけでなく、日本教育を受けた知識人をも根こそぎ粛清し、約二万人が死亡した。この二・二八事件以降、党外人士が国民党による強権政治に抵抗していく。このため中華民国の台湾移転を正式に決定した一九四九年からの十年間、二千人以上が銃殺され、約八千人が重刑となるなど、受難者は数万人に上ったという（『台湾史』）。

二・二八事件を契機とした今日の野党勢力の先駆となる党外運動の本格化は、一九五〇年代に遡る。すなわち一九四九年十一月、雑誌『自由中国』が胡適、雷震により創刊され、五〇年代を通して存続し、反国民党政治評論活動を展開した。しかしこれが一九六〇年八月に、中国民主党の結成へと向かうと、雷震は逮捕され、同誌は廃刊となり、六〇年代に民主化運動は冬の時代を迎える。冬の時代の一九六四年九月、台湾大学教授の彭明敏らが、国際社会に一つの中国と一つの台湾が存在するのは厳然たる事実とする趣旨の「台湾人民自救宣言」を印刷したところ逮捕された。この宣言は後年の、一つの中国と一つの台湾という一中一台論の原点となる。なお彭は一九七〇年に亡命し、外国で台湾民主化運動を続けたため、四半世紀近く帰国できなかった。彭同様、海外での台湾民主化や台湾独立といった言動により国民党政権のブラック・リストに掲載されたため、長年帰国できなかった台湾人は少なくない。

しかし一九七〇年代になると、「党外の萌芽の時期」(『台湾史』)となる。一九七二年五月に蔣経国が行政院長(首相に相当)に就任し、実質的に権力を継承すると、蔣介石の独裁体制から経国による権威主義体制へと移行しはじめた。外省人や本省人、あるいは在米国派や台湾土着派が結集し創刊された『大学雑誌』では政治改革論議がなされ、中央民意代表機関の全面改選論までが展開された。一九七五年には、同誌から離れた張俊宏が康寧祥、黄信介と共に『台湾政論』を創刊した。『自由中国』が大陸系知識人のみ、『大学雑誌』が大陸系知識人と台湾人知識人の双方が参加していたのに対し、『台湾政論』は一九四九年以来初めて台湾人知識人中心に営まれた政論雑誌であり、党外雑誌の「先駆」と位置づけられている(『若林台湾』)。

蔣経国は、国民党保守派の存在により全面改選にいたらない中央民意代表機関の一部改選を、増員選挙という形式で一九七二年以来初めて実施した。この選挙を通じて、党外勢力が結集するにいたる。一九七七年の初の統一地方選挙では、台湾全土で党外人士が連携し、二十首長中四ポストを党外人士が獲得するなど、党外運動が昂揚した。康寧祥と黄信介は、台湾全土で党外人士に対し応援演説をしたことで連携を助長した。こうして党外人士はこの選挙により「ひとつの勢力と言いうる規模を有するに至った」（『若林台湾』）。

しかし一九七九年、党外勢力は国民党政権への対応をめぐり分裂する。康寧祥ら穏健派は六月に『八十年代』を、施明徳ら急進派は八月に『美麗島』を創刊する。以後、党外勢力の中心となったのは美麗島グループであり、彼らは党外勢力の結集だけでなく、新党結成を目指す。すなわち美麗島社に様々な党外人士が集まったが、やがて台湾の前途は台湾住民が決定するという自決論を主張する施明徳や張俊宏らが主導権を握る。『美麗島』は「爆発的な売れ行き」であり、雑誌普及や読者サービスを名目とする服務処が台湾全土につくられ、各地で大衆集会が開かれた。施明徳によれば、活動目的は「党名を持たない政党を形成」し、国会全面改選、地方首長全面民選を主張することであったという（『若林台湾』）。

ところが、国民党政府によりこれを弾圧する美麗島事件が起こり、施明徳、黄信介、張俊宏らは逮捕され、党外運動は一大打撃を受ける。公判で施明徳が、国家・社会の和合を援けることが可能であるなら私に死刑を申し渡すことを請求する、刑の斟酌は無用である、と涙ながらに陳述すると、弁護人のみならず検察官も涙し、裁判長は「施明徳肺腑の言としてうけたまわった」と応対した。こうした劇的場面が報道され、彼らへの同情と共感とが集まったという（『陳水扁』）。と同時に、同事件を弁護した陳水扁、謝長廷、張俊雄、蘇貞昌などが党外運動に参加した。彼らは後年民進党幹部となり、政権交代後は総統をはじめとする要職に就く。また美麗島グループが公判で主張した自決論と、その根底にある台湾ナショナリズムは、同事件を契機に民主化の中心的イデオロギーとなる。

例えば一九八二年九月二十八日、台湾全土の党外人士が台北市中山堂で集会を行い、「台湾前途の住民自決」の理念を明らかにし、これが党外運動の「看板的スローガン」となり、民進党に引き継がれる（『台湾政治』）。この理念は国民党との違いを明瞭にする政治的標識となるが、その背後には台湾国家樹立を理想とする台湾ナショナリズムがあったという（『若林台湾』）。

美麗島事件による党外人士の入獄は、急進的な新世代の台頭をもたらし、新旧両世代の亀裂を生み、一九八三年の立法院増員選挙では党外人士の議席が減少した。また同事件後党外運動は急進化し、台湾ナショナリズムが「主流理念」となり、このため後の民進党は自由・民主に加え台湾ナショナリズムを「中心理念」とする政党となる（『台湾政治』）。こうした情勢を受け、一九八四年二月、穏健派党外人士の大同団結として党外公共政策研究会（以下公政会）が結成された。これに先立つ八三年九月、党外新世代は党外編集作家聯誼会（以下編聯会）を結成し、反対運動理論誌『新潮流』を創刊していたが、これが後述する新潮流派のはじまりとなる。

一九八四年八月、国民党政府は美麗島事件にかかわる政治犯四名を仮釈放するなど、次節で述べる事情から、党外への締めつけを若干ではあるが緩和した。一九八五年十一月の統一地方選挙では、公政会や編聯会といった党外勢力が党外選挙後援会として一つに結集した結果、台北・高雄両直轄市で党外人士の議席が増加し、一九八三年立法院増員選挙での失敗を挽回した。以後、公政会と編聯会は政党結成に向け合流していく。なお党外選挙後援会、公政会、編聯会について、党外運動の目的は早期結党にあるとする謝長廷は、立候補を党外選挙後援会、政策研究を公政会、理念の宣伝を編聯会が担当する、これらの組織を党外党と称する、と位置づけていた（陳儀深著・浅野和生訳「序説　歴史の転換点―民進歩党結党の成功要因と結党の精神ほか―」〈陳儀深『従建党到執政―民進党相関人物訪問紀録』所収、以下「転換点」〉）。

次節で述べるように、一九八四年頃から蔣経国は党外勢力との対決から対話へと転換するが、一九八六年五月には国民党代表と党外代表とが公政会認知をめぐり話し合うにいたる。同年九月、党外勢力は全国六都市で二・二八事件以来最大といわれる抗議デモを行うが、こうした情勢下の九月二十八日、民進党が結成された。蔣経国による改革と民進党結成は、これまで党外人士が投獄されても、多くの台湾人が民主主義を求めてきた情熱の成果といわれる（『台湾史』）。

一九八六年九月二十八日の民進党結党経緯は、ハプニングに近いものがあったという。すなわち同日朝、台北市内の圓山大飯店で党外選挙後援会の同年末選挙に向けた候補者推薦大会が開かれ、午後には急遽新党発起人会が開催された。慎重に新党を結成することを求める意見と、謝長廷のように発起人会での新党結成宣言を主張する意見が対立したが、同日午後六時五分に民進党の成立を宣言した。もっとも同年七月には公政会、編聯会内に結党準備グループがつくられ、やがて両グループは合流し、年末選挙前に結党することとなっていた。党名も、同グループでは謝長廷案「民主進歩党」で合意されていた。ただし党禁が存在する段階での野党結成は冒険であり、主だったメンバーは投獄を覚悟していたという（『陳水扁』）。あるいは弾圧に備え第二結党準備グループのメンバーを決め、当日発表された第一グループのメンバーは投獄に備え、歯ブラシなどを携帯し結党宣言に臨んだという（『台湾政治』）。

なお結党経緯について、最新の口述歴史（オーラル・ヒストリー）に基づいた研究である「転換点」は次のような、やや異なった見解を示している。結党準備は一九八五年夏からはじまっており、翌八六年七月三日、秘密結党十人小グループが結成され、政党名は謝長廷案「民主進歩党」でほぼ決まった。九月二十八日午前、党外選挙後援会の候補者推薦大会で新党結成が可決され、午後に発起人大会を開催することを決議した。午後五時、発起人大会で党名を決定し、六時六分、民進党成立を宣言した。なお十人小グループの身近にいた者さえ、同日の会で新党結成することを知らなかったほど、秘密厳守が徹底された。また政府当局は「会議の進行を探るために人を派遣」し、逮捕の準備をする一方、慎重な対処法策も考え、両案を蒋経国に報告、その決済を請うことにした、という。

つまり前年から周到に準備しながらも秘密厳守が徹底されたため、結党経緯がハプニングのようにみえたということであろう。また政府当局はスパイを派遣し、結党メンバーの予想通り逮捕の準備をしていた点も注目される。ただし次節で述べる事情から、逮捕は見送られた。

こうして結党された民進党は党外各派の寄り合い所帯であり、穏健な美麗島派は国民党の改革論に近似している一方、他方急進的な新潮流派は新国家・新憲法の即時実現を唱えていた。美麗島派が獄中にあることから新潮流派が主導権を握り、一九八六年十一月の第一回全国党員代表大会で党綱領に台湾自決論が書き入れられた。台湾住民の自決が過剰なほど強調された「自決綱領」であり、厳密には次節で述べる蒋経国三条件と整合していない（『陳水扁』）。しかし国民党政権は、翌十二月に国政選挙があることから静観する。

年末の国政選挙で民進党はほぼ二倍に躍進し、急進的改革を唱えるにいたる。さらに市中でアピールする街頭路線を採用し、一九八七年五月には反共愛国陣線と衝突し、流血の事態となった。同年十一月の第二回全国党員代表大会では、台湾人民には独立を主張する権利があるとする大会決議をしたが、当初この文言を党綱領に入れようとしていた。一九八八年四月十七日、臨時党大会が開かれ、台湾独立論とも解しうる決議、いわゆる四一七決議が採択された。翌月二十日には街頭路線の結果、二・二八事件以来の大量起訴を招く五・二〇事件が起こった。

しかし一九八八年十月の第三回全国党員代表大会で、美麗島派の黄信介が党主席となると、潮目が変わる。翌八九年一月、人民団体組織法により党禁解除となり、民進党は合法化された。同年七月、それまで国民党が数度大会を開いてきた中山楼で開催された臨時党大会では、中華民国国旗と民進党党旗が掲揚され、国民党来賓を迎え、中央民意代表機関の全面改選や総統直接民選を含む「当面の重大行動綱領」が採択された。これまでの台湾独立や自決を主張する決議や綱領と異なり、民主化を強調する内容であることが注目される。いずれにしても、こうして名実ともに複数政党制が確立された。

上述のように結党後の民進党には、穏健な主流派である美麗島派と、急進的な反主流派である新潮流派との二大派閥が存在した。謝長廷、邱義仁が所属する新潮流派は新国家・新憲法の即時実現を求める台湾化に重点を置き、体制外改革を唱えた。黄信介、陳水扁が所属する美麗島派は、李登輝による民主化への圧力を加えるべきであると民主化を強調する主張をしており、国民党主流派と極めて近似した立場であった。一九八一年以降簇出した党外雑誌が論争の舞台を提供したが、誌上では、合法的な議会活動により国民党政権を民主化に追い込むか、大衆運動により体制に打撃を加えるかといった路線対立がみられた。民進党内の二大派閥の対立は、こうした八〇年代初期の路線対立に起因するという（『陳水扁』）。

両派の対立は一九八九年十二月の立法委員、県・市長、省・市議会議員選挙に向け亀裂をもたらした。すなわち民進党秘書長であり美麗島派の張俊宏が、これまでの路線を反省し新戦略を提案する『政権に至る道』を発表した。同書は国民党への挑戦書であるだけでなく、新潮流派への批判を含んでおり、新潮流派の反発を招いた。主たる主張は、地方首長の座を獲得して地方自治の実績を残し、やがて政権を獲得するという、いわば地方から中央を包囲し政権にいたるという政権戦略であるが、台湾独立や新国家・新憲法の即時実現への批判も述べられた。これに対し新潮流派は、地方から中央を包囲する戦略は新国家・新憲法を直接要求する方式に比し迂回的である、と反論した。

かような情勢下の一九八九年十二月、台湾史上初の複数政党による上述した選挙が行われ、国民党は敗北し、民進党が躍進した。国民党は県・市長ポストの三分の一を失う。この結果は、民進党がこれまでの街頭路線だけでなく、議会路線もある程度可能になったことを意味する。また国民党への不満を民進党が吸収した結果となり、李登輝政権はさらなる民主化を求められることになった。

ただし、より詳細に選挙戦をみると、別の面も見えてくる。すなわち、初めて本格的に選挙に取り組んだ新潮流派は新国家連線を組織し、台湾独立、新国家、新憲法を主張し、民進党に亀裂をもたらした。しかしながら、これらの主張は選挙戦術としてマイナスであると考える候補者も少なくなく、実際の選挙戦でトーン・ダウンさせた。イデオロギーに拘泥するきらいのある新潮流派であっても、選挙という現実の前では、柔軟にならざるを得ないことがわかる。第三節でみるような、民進党の特長としての柔軟性を指摘することができる。この柔軟性が派閥対立を内包する民進党の分裂を防いだといえよう。また、国民党外省人二世候補者は新国民党連線を組織し、反台湾独立を主張、八人全員当選を果たした。こうした選挙結果は李登輝政権への民主化圧力となった。

もっとも民主化は一直線に成し遂げられたわけではなく、時として反動を招く。例えば宜蘭県生まれの外省人二世で台湾独立の推進者、鄭南榕の焼身自殺である。鄭は週刊雑誌『自由時代』を主宰し、社説で台湾独立を主張した。戒厳令解除三ヶ月前の一九八七年四月十八日には、台北市での集会でも台湾独立を主張した。公然と台湾独立を主張した最初の人となった鄭は、八九年一月、台湾高等検察庁に召喚されたが出頭を拒否し、同年四月七日焼身自殺を遂げた。遺体は椅子に腰かけたままの状態であったという。鄭の言動と壮絶な死は、「台湾人を勇気づけて余りあった」という（『台湾』）。

民主化への反動がありながらも、一九九一年十二月、予定通り第二期国民大会代表選挙が行われ、国民大会代表が全面改選され、国民党は圧勝して憲法改正に必要な四分の三議席を獲得、その主導権を握ることになった。対する民進党は、選挙前の十月、第五回全国代表党員大会で、住民投票により台湾共和国を建設するという、さらに台湾独立色を明確にした党綱領修正案、いわゆる台湾独立綱領を採択しており、台湾独立が選挙争点の一つとなっていた。ただし国民党は実質的な中華民国の台湾化へと傾斜していた。

翌九二年十二月、予定通り第二期立法委員総選挙が行われ、立法委員が全面改選された。この選挙で百三議席にとどまった国民党が、過半数を得ながら敗北を認める一方、民進党は五十二議席を獲得し躍進、二大政党化が加速された。民進党は前年の敗北を受け、台湾独立のトーンを下げ、一つの中国、一つの台湾を意味する一中一台論を唱えた。ここにも同党の柔軟性をみることができる。対する国民党は主流派が不調であったのに対して、一つの中国を主張した反主流派が好調であった。国家アイデンティティーを希求する民意を、一中一台論が代弁しはじめた結果であった。

一九九五年十二月、台湾で二度目の立法委員総選挙が行われ、国民党はかろうじて過半数割れを回避し、民進党は若干の増加を見せたが、九四年に国民党から分裂した中国新党は躍進し、法案提出権を獲得した。またこの選挙は、中華人民共和国による実戦に近い軍事演習の下で行われた。この頃から同国による、翌年に行われる台湾総統民選を妨害するための文攻武嚇、すなわち言論による台湾攻撃と軍事的威嚇が激しくなる。

一九九六年、憲法修正の結果実現した総統直接選挙が、中華人民共和国による軍事圧力の下で行われた。国民党候補李登輝は五十四％、民進党候補彭明敏は二十一％を獲得した。「隠れ独立派」とされる李登輝と「表の独立派」といわれる彭明敏とで七十五％獲得したということは、七割以上の台湾国民が中華人民共和国の圧力に屈せず、指導者として台湾人を望んでいることを意味した。

以上みてきたように、蔣介石の独裁体制、蔣経国の権威主義体制下、党外人士に対する苛酷な弾圧が行われてきた。やがて蔣経国は権威主義体制の改革を行うが、こうした情勢下、党外人士の大同団結として民進党が結成される。民進党は徐々に議席を増やして国民党との二大政党制を確立し、同時に李登輝による中華民国の民主・台湾化を加速させた。李登輝による台湾化に抵抗する勢力は国民党から分裂し、中国新党や親民党が結成された。これに対して、内部で激しく二大派閥が対立する民進党は分裂にはいたらず、ついに二〇〇〇年に陳水扁が総統となり政権交代を実現し、台湾が正真正銘の民主主義国家であることを国内外に証明した。

李登輝による民主化であれ、民進党の結成・躍進・政権獲得であれ、蔣経国による権威主義体制下の改革がなければ実現することはなかった。次節では蔣経国の晩年に焦点を当て、民進党結成について別の角度から検討する。

晩年の蔣経国

蔣経国による権威主義体制下の政治改革が後年の李登輝による中華民国の民主・台湾化をもたらしたのは事実であるが、経国自身は飽くまでも改革による国民党政権の生き残りを意図したにすぎず、中華民国の民主化はもとより、その台湾化を企図してはいなかった。戒厳令解除に関する『実録』解説で、李登輝は次のようにいう。蔣経国が戒厳令を解除したのは民主化と本土化を求める「時代の潮流を止められない」からであった。経国は国民党が台湾で生きていくためには「民主化と本土化が絶対に必要」と感じていた。しかし「政権の本土化を維持」する意志は「絶対に持っていなかった」。つまり李登輝は蔣経国の改革は国民党生き残りの方便にすぎないと観測するのである。

ただし、この場合の民主化は本章でいう権威主義体制下の改革を、本土化は李登輝をはじめとする台湾人の要職への登用を指す。ちなみに蔣経国による権威主義体制下の改革は、『若林台湾』では、中華民国憲法の遵守、反共国策の支持、台湾独立派と一線を画することを新政党は守るべきであるとする、いわゆる蔣経国三条件の枠内での制度改革により、党外勢力の取り込みと国民党改革を成し遂げることを国民党の使命とした。また、『台湾政治』では、体制の手直しによる体制保持を図る政治過程と分析されている。

しかし意図はどうあれ、結果的に蔣経国による改革が突破口になったことは紛れもない事実である。本節では主として『実録』に基づき、晩年の蔣経国に焦点を当て、如何に中華民国の民主・台湾化がはじまったかをみる。なお『実録』は主に、蔣経国総統と李登輝副総統の直接対話を李登輝自身が記録した部分と、それに対する後年の李登輝による解説とから成り立っている。

蔣経国が李登輝を見出し、重用するようになったのは、一九八三年七月からである。すなわち同月、李登輝が国民党の党内エリートが集った最高決定機関である中央常務委員会で行った報告を経国は高く評価したが、彼を称讃する言葉は「人々を大変驚かせた」し、これは重用すべしとの表示であった。李登輝自身も経国が特別視していることを「概ね察知」していた。蔣経国は社会主義思想の影響を受けており、かつては李登輝も同様の思想を持っており、であるからこそ「本当に仕事をやっていける人間」と思ったのではないかと解説している。

もっとも李登輝は特別視されていることを自覚しながらも、蔣経国に対する警戒心を緩めていない。例えば一九八四年六月十日、李登輝副総統夫妻が兪国華行政院長夫妻、沈昌煥総統府秘書長（内閣官房長官に相当）夫妻とともに、総統夫妻から総統官邸で食事を供されたときのことである。この間、李登輝は体調不良を理由に飲酒せず、妻に酒を飲んでもらった。一時間半の食事の間、とても緊張しており、「非常に不安」であった。この招宴には「慎重な対応が必要」であった。なぜならば中国史においては、皇帝が臣下と食事を共にすると良い結果になることもあれば悪い結果になることもあるからである。あるいは一九八五年十一月、陳水扁の選挙運動中事故にあった同夫人に李登輝は見舞いの花を贈ったが、同時に蔣経国がこの事件に関与してはならないと考えているようであると観測し、また後年、花を贈ったことを経国は快く思わなかったと解説している。あるいはまた一九八七年六月二十六日、蔣経国から、戒厳令解除後に政治犯を復権させる、ただし復権を認めるのは研究者に限るという命令に対する意見を求められたとき、李登輝は何も答えなかった。蔣経国が李登輝の態度をみるための質問と観測したからである。

いずれにしても、蔣経国は李登輝を重用しはじめ、ついに一九八四年五月、彼を副総統にした。以後折に触れ蔣経国総統と李登輝副総統との間で、総統からの下問や副総統からの報告が行われ、これらが『実録』に詳細に記されている。以下、これらの中から蔣経国と李登輝の党外人士に対する認識をみる。

一九八四年七月五日、党外人士が翌年の県市長選挙出馬に向け準備している、と蔣経国に報告する。これが『実録』における党外人士への初めての言及である。ちなみに前述のごとく八五年の統一地方選挙に向けて党外選挙後援会が結成され、この選挙で党外勢力が議席を増加させることになるが、蔣経国政権としては、その前年から党外勢力への警戒をしていたことがわかる。また同月二十一日、李登輝は党外雑誌取り締まりについて報告、八月十三日には党外雑誌取り締まりは刑法に基づくべきことを希望した。後年の解説で彼は、この頃自分は党外雑誌を読んでおり「とても面白く、何らよくないことはなかった」、また『自由中国』をワンセット持っていたが雷震が逮捕された後「政治的雰囲気が悪くなり」すべて焼き捨てた、当時康寧祥が発行していた党外雑誌『八十年代』を読んでいた、内容のチェックを口実に秘書に党外雑誌を買わせていた、と回顧している。『自由中国』ワンセットを焼き捨てた境遇から、口実を設ければ堂々と党外雑誌を購入できる立場へと変わったこと、さような立場にありながらも党外雑誌に理解を示し、刑法に基づく処理を蔣経国に提案した点が注目される。

なお台湾独立運動に生涯を捧げた黄昭堂は、自著『台湾独立建国運動の指導者　黄昭堂』（以下『黄昭堂』）のなかで次のように証言する。一九六一年に来日した李登輝は、台湾独立運動家であり日本で『台湾青年』を発行し、台湾独立運動を展開していた王育徳を訪問した。台湾独立派への弾圧が「あれほどひどかった時代」に王を訪問することは「大変危険」であった。自分は李登輝の「勇気と情熱に感服」し「友人と思うようになった」。『自由中国』ワンセットを所蔵していたこととともに、一九六〇年頃の李登輝の思想をうかがわせるエピソードである。

一九八四年八月十三日、李登輝は、一九七七年に人権宣言を発表し台湾独立と台湾の将来を台湾人民が自決することを唱えたキリスト教長老教会に対して、従来の工作を方向転換するよう蔣経国に求めた。ちなみに長老教会は、一九六〇年代までは政府当局との関係が良好であった。しかし一九七一年十二月に、中央民意代表の全面改選を求める「国是に関する声明及び建議」を発表し、七〇年代以降政府当局との関係が悪化する。自決権をはじめとする党外勢力の主張は長老教会の理念からの借用であり、また美麗島事件の逃亡者を同教会は隠匿・幇助していた（『陳水扁』）。

このよき方向転換を蔣経国に求めた事情を李登輝は次のように解説する。当時反政府勢力がますます強くなり、党外人士は日増しに大胆になっていた。このため蔣経国は李登輝に党外人士と意思疎通をさせようとしていた。手はじめに美麗島事件関係者の釈放問題を李登輝に処理させた。八月十七日、美麗島事件関係者四人の仮釈放とその後の状況を報告すると御礼をいわれ、李登輝は、副総統就任後初の仕事を褒められ光栄に思った。三日後には、四人の仮釈放の経験からして、国民党は「自由民主のカラーがあるべき」で、その方向に努力すべきことを経国に進言している。

こうした党外人士に関する対話より、李登輝を副総統にした意図として、本省人李登輝を党外人士へ接近させることがあったとも思われる。そう観測したからこそ、国民党は自由民主色を持つべきとの思い切った進言ができたのではないだろうか。ちなみに蔣経国は一九七〇年代末、すでに党外人士との接触を試みていたが、成果はなかったという（『陳水扁』）。また一九八五年から八六年にかけ、蔣経国は李登輝とは別ルートで党外人士との意思疎通を図っていたことが、陳論文「転換点」で明らかにされている。

一九八五年二月十一日、蒋経国は江南事件について一般国民がどうみているかを下問し、李登輝は米国政府の国民党政府に対する態度は良好であると返答した。四月十五日にも江南事件について報告しているが、江は国に叛いたから死んでも仕方ないなど国民には異なる反応が次第に現出してきた、との観測を伝えている。翌八六年一月二十五日、臨時会議が招集され、米台軍事関係、アジア開発銀行への中華人民共和国加盟問題に言及した後、蒋経国は江南未亡人による国家賠償請求に対し和解はあり得ないと断言した。李登輝はこの会見で江南事件裁判の件が最重要と感じた、この件のために特別に会議が招集された可能性さえあったと解説している。江南事件に関する記述から、如何に同事件を蒋経国が苦慮していたかがうかがわれる。

一九八六年二月七日、新年度に党外人士とチャンネルをつくり意思疎通を図ることに李登輝が「多く参与」するようにとの特別の指示が蒋経国よりあった。この件に関し、次のように解説する。党外人士へのチャンネルづくりは経国からの提案であり、自分が進めていたわけではない、国民党の圧力下でも党外には物をいう人がおり「この点は尊敬に値する」。同月十二日にも対党外チャンネルの強化について報告している。

右のように李登輝が副総統に就任した一九八四年以降、蒋経国は党外人士との意思疎通を心掛けていたといえるし、換言すれば前述のごとく、党外勢力とのコミュニケーションを図るために本省人である李登輝を副総統という要職につけたともいえる。そこで次に、党外人士の大同団結である民進党に対する二人の認識をみる。

既述のごとく一九八六年五月に、国民党代表と党外代表とが公政会認知をめぐって話し合っていたが、すでに同年四月二十九日、蔣経国より李登輝に、公政会処理は国家を重視し社会を安定させる原則の下ですべし、という指示が出ていた。事実上の承認である。

民進党が結成された直後の八六年九月三十日、李登輝は蔣経国に引見を求め、民進党に対し現段階では動向を注視すべきであると主張した。これに対し経国は政府当局が過剰な行動に出れば社会不安を招くので温和な態度で処理すべきである、政党結成の可能性について研究して良いが秘密裡にすべきである、と指示した。この点に関し李登輝は、次のように解説する。経国は政党結成を禁止しようとはしなかった、客観情勢は国民党の硬化を認めないものであった。つまり前述のように党禁解除前に民進党は結成されたのであり、いわば黙認状態となるのだが、その背後には社会情勢上新党結成は避けられないという蔣経国の判断があった。

八六年十一月十三日には、次のような対話があった。すなわち、「反体制分子の組織」である民進党の中央常務委員の人選はどうなっているか、「反体制分子の政党結成」を摘発しないことに対し一般国民はどう思っているか、との下問があり、李登輝は、一般国民は影響されておらず「反体制分子らが熱くなるばかり」であると返答した。二人は民進党を反体制分子として警戒しながらも、同時に同党を軽視していることがわかる。

八六年十二月六日、国民大会と立法院の増員選挙が実施され、これは事実上台湾史上初の二大政党選挙となるが、既述のように、蔣経国政権から黙認状態の民進党は議席をほぼ二倍に増加させ躍進した。選挙前の十一月二十五日、李登輝は民進党結成（黙認）や、戒厳令解除の前倒し公布により党外人士は選挙で気勢を上げられなくなった、と報告のなかで分析した。選挙後の十二月十二日、選挙結果は国民党にとり「やや不利な状況」となったが、同時に選挙により政党結成（黙認）や戒厳令解除が肯定された、と報告している。選挙前に民進党躍進を予想していないだけでなく、選挙後も、戒厳令解除などの蔣経国の施策が国民から肯定されたと言及するだけで、同党の議席増に触れていない。八六年段階での民進党に対する政権側の評価の低さ、裏返せば国民党の政権運営への自信がうかがわれる。

翌年もこうした評価に変化はない。例えば、戒厳令解除直前の一九八七年七月十一日の対話は次のごとくである。戒厳令解除後の状況について蔣経国は「特別に関心」を持っていたが、これに対し李登輝は、政府の指導が適切ならあまり問題ない、国民党の民進党に対する態度を「深く考えるべき」である、「忠実に反対党を助けていくような度量の広さで対処していくべき」である、と返答した。民進党に対する度量の広さを求めたのであるが、同時に、民進党の「不隠分子が若干騒動を起こす」であろうが政府が適切に処理すれば回避でき、暫くすれば「民衆も唾棄するだろう」とも述べている。つまり民進党結成の翌年にも同党を危険視しながらも、その影響力を軽視していることがわかる。

最後に蔣経国と李登輝の党外人士の位置づけをみる。一九八六年二月七日に行われた引見に対する後年の解説で、李登輝は次のように述べている。党外人士への経国の見方は肯定的になっており、抑えつけようとは思わなくなっていた。党外勢力は大きいほど良い、と思っていたのではないか。自分が同じ立場なら、このような考えを抱く。党外勢力が大きくなれば国民党は改革を迫られるし、こういったことがなければ国民党は変わることができない。つまり蔣経国も李登輝も、権威主義体制下の政治改革に向けた圧力として民進党を位置づけていたといえる。と同時に李登輝は解説のなかで、蔣経国は民進党がこれほど早く政権を取るとは思わなかったであろう、とも述べている。

本年二〇一六年九月一日、一九九六年の開学以来、平成国際大学が毎年行っている台湾研修の一行は、今年も李登輝総統の引見を賜った。その際筆者は李総統に、御自身の民主化にとり民進党の存在は有益なものであったか否かを尋ねた。李総統は、民進党のなかには自分の民主化に協調した人もいた、一九九〇年の国是会議のときの謝長廷氏の発言、会議をうまくリードしてくれたことには感心している、と答えられた。このお答えからも、上述した改革への圧力という民進党の位置づけを裏づけることができよう。

以上本節では、蔣経国総統と李登輝副総統との対話とそれに関する後年の李登輝による解説を通して、党外人士や民進党に対する二人の認識をみた。一九八四年に李登輝を副総統に就任させた点から、この段階で蔣経国は党外人士との対話を望んでいたこと、社会情勢上民進党を黙認せざるを得なかったことがわかる。したがって民進党結党に対し、政府当局より弾圧がなかったのは、現時点では当然といえる。しかしかような判断を政府当局がしていたことを民進党は知る由もなく、結党に対する弾圧の覚悟が必要であったであろう。事実、前節でみたように、結党時の主たるメンバーは投獄を覚悟し、その準備をしていた。次節では、民進党サイドからみた政権獲得にいたる過程をみる。

民進党が描く政権獲得過程

本節では、主として民進党が編集した日本文パンフレット『民主進歩党』、同『民主進歩党の概要』、英文リーフレット『民主進歩党』に基づき、民進党が描く政権獲得過程を検討し、民進党の過去に対する認識や、そこに表れた同党の特長を明らかにする。

民進党政権の政権獲得過程に対する最新の認識として、まず英文リーフレットをみる。同リーフレットの出版年月日は不明であるが、本年八月二十九日に我々台湾研修団が民進党本部を訪問した際配布された点や、その内容からして、今年一月の総統選挙後から八月までの間に発行されたものと思われる。最初に「２０１６年　我々の新たなページ」とのタイトルで、二〇一六年に民進党は三度目の総統選挙に勝利したのみならず、立法院における初の絶対多数を獲得したこと、結党後人権・主権擁護などを唱え続けてきたし、今後も台湾を前進させ続けるとしている。次に「１９４５—１９８６n党外　政治運動」というタイトルで、第二次世界大戦後、国民党は中国から台湾へ「逃避」（fled to Taiwan from China）してきて権威主義体制を確立したこと、台湾人民は基本的権利と自由を否定され、一見すると平穏な社会の下で不満が醸し出されていたことが述べられている。次いで「１９８６—２０００　始まり　野党第一党」とのタイトルで、十年以上の唱道と抗議の後、政治改革の夢と政治的社会的権利への熱望は、民主化を求める台湾人の戦いを鼓舞したとしている。最後に「２０００―２００８　統治　台湾の価値」というタイトルで二〇〇〇年に民進党は大統領選挙に勝利して初めて政権交代を経験し、二〇〇四年に再選された、民進党が台湾人民のよりよい生活を推進してきた、目立って良質な統治は今や将来の政府の基礎になると述べられている。

ページ数の少ないリーフレットであるため簡便にすぎるきらいがあり、国民党による弾圧の苛酷さが伝わらないが、台湾へ「逃避」してきた国民党が台湾人民に対し人権抑圧を行ったこと、それにもかかわらず一九四五年以降党外人士や民進党が民主化のために戦い政権を獲得、より良い台湾として将来の基礎となっていることが要領よく述べられている。また国民党の人権抑圧に対し、党外人士や民進党が民主化を求め政権を獲得したという認識がみられる。換言すれば、後述する両日本文パンフレットが国民党政府以前からの外来政権の支配を指摘しているのに対し、リーフレットでは国民党政府と党外人士や民進党との戦いがクローズアップされていることになる。また後述する日本文パンフレットで言及した陳水扁政権への反省や、李登輝主導の民主化について言及されていない点が注目される。

次に日本文パンフレット『民主進歩党』（二〇〇三年）をみる。このパンフレットでも「民主進歩党の略史」とのタイトルで、第一期陳水扁政権までの歴史が次のように語られている。

台湾住民は、十六世紀の世界史の舞台への登場以来、「常に外来政権の統治と圧迫」を受けてきた。「日本軍国主義」による統治は、台湾住民に「苦痛をもたらした」。「国民党による残酷な弾圧は、台湾人の心に深い傷」を残した。国民党政府は「日本に代わる新たな外来統治者」にすぎなかった。一九四九年十二月、「中国大陸を失った国民党は台湾に撤退」し、独裁体制維持のため特務機関を設置して白色テロ時代を迎えた。しかし台湾住民は美麗島事件などにみられるように、国家暴力に抵抗した。ちなみに共産主義国における反政府活動への政権による暴力的圧迫を「赤色テロ」、反共政府による反政府活動への暴力的圧迫を「白色テロ」と呼ぶ。

なお二〇〇三年、我々台湾研修団は民進党本部を訪れ、同パンフレットを配布されたのち、同党日本人スタッフの説明を受けた。説明後研修団メンバーの一人で、日本統治を経験した台湾人が、日本統治には功罪両面があったのにマイナス面のみを強調するとはけしからん、と猛烈な抗議をした。

以上のように十六世紀以降の外来政権による支配という苦難を語ったのち、一九八六年の民進党結党、八七年に採択された人民には台湾独立を主張する自由があるとする決議文、八八年の台湾は国際的に主権が独立しており中国に属していないとするいわゆる四一七決議文、九〇年の総統・省長・市長直接選挙や国会全面改選を、総統に再選された李登輝に求める声明や新憲法草案（民主大憲章）採択、同年の台湾は事実上主権が独立しているとするいわゆる一〇〇七決議、九一年の住民投票による台湾共和国建設を党綱領に挿入するという党綱領修正案（台湾独立綱領）採択を紹介した後、次のような注目すべき主張をしている。「このころから李登輝総統による民主化・本土化（台湾土着化）路線が明確になり、民進党が独自色を打ち出すことが困難になりつつあった」。加えてブラック・リストの緩和により台湾独立を求める人びとが帰国し、民進党は美麗島派と新潮流派との二大派閥体制となり、二大派閥に不満な中間派も存在した。こうした事情のためか、民主化要求よりも新憲法や新国家を求める決議や綱領が目立つことが注目される。

このように李登輝主導の民主化に民進党が苦慮したことや党内派閥の存在を率直に認めたのち、国民党から分裂した中国新党との協力、一九九九年の美麗島派の分裂や、いわゆる台湾独立綱領を歴史的文書とみなし、台湾はすでに主権が独立した国家という現状認識を示した台湾前途決議文、二〇〇〇年の陳水扁総統就任、台湾独立綱領よりも台湾前途決議文の重要性が上回るとする〇一年の党綱領改正、党史上初の張俊雄行政院長就任等が紹介された後、次のようにまとめている。ちなみにこの頃になると、台湾独立をアピールするトーンは低くなっている。

結党から十六年間、民進党は民主改革運動を達成し、野党時代に民主化を勝ち取り総統直接選挙と政権交代を達成した。民進党発展過程において党内に「国民党権力への抵抗のしかた」をめぐり「様々な意見が存在」した。初期には群衆路線と議会路線の対立や、地方から中央を包囲する戦術をめぐる議論があった。しかし「様々な議論」が民進党を進化させた。民主化過程において民進党が「極めて重要な役割を担ってきたことを証明」している。

繰り返すが、中華民国の民主化を主導してきたのは李登輝総統であり、野党である民進党は民主化を加速させたにすぎず、したがって同党が「極めて重要な役割」を担ったとする総括には疑問がある。しかし第一節でみた党内の派閥対立や路線対立、あるいは政権獲得戦術をめぐる議論が存在したことを率直に認めている点は評価できる。綱領や決議にみられる台湾人の台湾という観点では一致しているが、その実現方法や時期が相違するということである。また総統選挙で陳水扁が勝利し、政権交代を実現した前年の九九年に、台湾前途決議文により台湾独立綱領を事実上凍結した柔軟性が注目される。

次に日本文パンフレット『民主進歩党の概要』（二〇〇四年）の記述をみる。同パンフレットでも、「これまで異なる政権の支配をかわるがわる受けた」と外来政権による支配を指摘した上で、日本統治以降の歴史が語られている。すなわち、日本統治時代に日本の「高圧的な支配」があったが、「近代化への幕開け」でもあった。一九二〇年代から三〇年代における日本や世界の民主、啓蒙等の思想的潮流の影響を受け、台湾人が日本統治に抵抗し、弾圧を受けた。しかし日本統治の歴史的遺産により台湾人に自主性が生まれ、「民主化運動の扉を開け放つ」ことになった。つまり前年パンフレットと異なり、日本統治の功罪両面を公正に指摘している。

国民党政府の台湾「移転」後、戒厳令など「半世紀にも及ぶ強権支配」があったが、台湾人の民主・自由を求める意志は止まらず、地方選挙での党外人士への投票は常に三割近くあり、一九七〇年代の党外運動の社会的基盤を形成した。ちなみに前述のごとく七〇年代は、「党外の萌芽の時期」と評されている。

一九八六年九月二十八日、「戦後初の台湾土着の政党」民進党が誕生し、自主・独立を求める「台湾人の悲願」は民進党結成により「新たな歴史的ページを開いた」。誕生したばかりの民進党は議会路線と社会運動を組み合わせ、民主国家や公正な社会の建設を訴え続けた。党禁・報禁の解除、国会全面改選、省長・市長・総統の直接選挙が提起・実践され、社会から共感を得た。民進党は人民の力を結集し、「苦悩に満ちた長い改革の道のり」を歩んだ。

国会改革は長年民進党が推進してきた目標であるが、一九九二年の国会全面改選により、台湾民主主義の「基本的な方向性」が定まった。九〇年代末までに民進党は確固たる野党勢力となった。時代に適した政策を提案し「既得権益層からの妨害」を受けたが、二〇〇〇年に初の政権交代を実現し、台湾民主主義は「さらに新しい一ページを開いた」。しかし少数与党という環境下、野党による妨害のため、政府に多くの制約があった。

このように過去を概観した後、さらに個別の問題に言及する。すなわち、一九八九年以降地方首長を獲得し、地方から中央を包囲するという政権獲得の道筋をつくり上げた。二〇〇〇年の平和裡の政権交代は「世界史でも殆ど類を見ない例」であった。一九九一年、党綱領の基本綱領第一条を改正し、台湾共和国建設、新憲法制定、住民投票による決定を提起して、台湾主権独立の再確認をした。しかし九五年、施明徳主席は、すでに台湾は独立しており、政権を獲得しても独立宣言をしないと述べ、政権獲得後とるべき主権の立場について「新たな解釈」をした。九九年の台湾前途決議文は、結党以来民主化・本土化を推進した成果を総括したものであり、国会全面改選、総統直接選挙など中華民国憲法の改正により台湾は主権独立国家となり、独立した現状の変動は住民投票で決めるべきことを確認するものであった。

右のように政権獲得を意識すると、従来の主張に拘泥しなくなる点に、前述したような民進党の柔軟性を読みとることができる。また決議や綱領における台湾独立や自決の主張は、折に触れて民進党として台湾人の台湾を求めたということである。

戒厳令解除、国会全面改選、総統直接選挙など、民進党は台湾の主体性を確立した。民進党は第二段階の民主化を推進する。二〇〇〇年の平和裡の政権交代は、華人社会における民主主義の模範である。民進党は次の段階で、台湾アイデンティティーと民主主義の価値に基づき「台湾の雄大な基部をデザインすること」を目標とする。

以上の両日本文パンフレットを比較すると、次の点が明らかになる。国民党の抑圧に対し党外人士や民進党が民主化を求め政権獲得にいたったという最新リーフレットと同じ認識である点、最新リーフレットと異なり国民党政府以前の外来政権による支配を指摘している点、前述のごとく中華民国の民主化を主導したのは李登輝であるが、民進党の功績と読める記述となっている点では共通している。しかし日本統治に関する記述、国民党の台湾移転に関する表記が異なっており、また少数与党や野党の妨害といった口実を挙げながらも、陳水扁政権に制約があることを認めている点で、両パンフレットに相違がある。

本節でみたように民進党は、自党が発行したパンフレットの中で、苦難と栄光の歴史を赤裸に語っている。李登輝が主導した中華民国の民主化が民進党の成果と読めるような記述がある半面、日本統治に関する評価などを見直し、あるいは李登輝主導の民主・台湾化路線による苦慮や激しい党内対立を隠さず述べ、政権獲得を意識すると従来の主張に拘泥しなくなるなど、かような点に同党の柔軟性をみることができる。また綱領や決議における台湾独立や自決の主張に表れた台湾人の台湾をつくるという理想では一致しており、理想を実現する方法・時期の相違が、派閥・路線・戦術の対立を生んだにすぎないことがわかる。換言すれば台湾意識で一致していたからこそ、様々な党内対立がありながらも、分裂しなかったといえる。

結び

民進党の三十年は、苦難と栄光の歴史であった。党外人士時代を含めれば、その苦難は筆舌に尽くしがたい。その間、絶対権力を握っていた国民党は、蔣経国による政治改革、李登輝による民主化を通して自壊し、分裂を繰り返した。

自壊・分裂した国民党に対し、激しい内部対立を含みながらも、民進党は分裂せず二度の政権交代を実現した。分裂しなかった理由を筆者が問うと、本年八月二十九日、羅致政民進党国際事務部主任は、民進党支持者は民進党を裏切ることを許さないので離党したら支持されなくなる、支持者が団結しているから分裂しない、と説明した。同様に九月一日、台湾智庫スタッフは分裂しなかった理由を、民進党は派閥対立があっても台湾アイデンティティーでは一致しているから分裂しない、強い国民党がいるから離党したら落選する恐れがある、現時点で国民党は人材不足であるが民進党は人材が豊富であるため二〇二四年は民進党が分裂する危険がある、と解説した。

民進党が分裂しなかった理由は様々である。同党が発行したパンフレットにみられる柔軟性や、台湾人の台湾をつくるという台湾意識では一致しており、その実現方法や時期をめぐり対立していたにすぎないことがあげられる。台湾人の台湾を実現する方法や時期の相違とは、本章でみたように、まずは中華民国の台湾化を目指すか、それとも新国家・新憲法の即時実現なのかの違いであり、台湾人の台湾を目標とする点では一致しているのである。

なお台湾人の台湾を目指す点では一致しながら、実現方法や時期が相違するという点の傍証として、黄昭堂が前述のように「友人」とみなした李登輝と自身との関係について次のように証言している点を示す。台湾民主化の推進では自分と李登輝とは変わらないが「民主化の内容」について不一致もある。自分は、台湾独立運動の目的は民主的な台湾共和国を建設し中華民国体制を消滅させることであり、そうしてこそ台湾は世界から承認される、と考える。しかし李登輝は、台湾はすでに独立しているから独立を主張する必要はない、「公然と独立を叫ばない方が良い」という（『黄昭堂』）。元より李登輝と黄昭堂は民進党とは無縁であるが、黄昭堂のいう民主化は中華民国の台湾化を意味しており、したがって両者は台湾意識では一致しながらも、実現方法・時期が異なるだけである。

最後に次の点も指摘したい。国民党は李登輝をはじめとする一部の良識ある政治家を除けば、圧倒的な国家権力という絶対安全圏下にあって権力欲に基づき権力維持に汲々としていたため却って分裂したのに対し、民進党は脆弱な存在であり、台湾意識に基づき団結しなければ政治生命のみならず生命自体が危ういと考えたため分裂を回避できたといえる。その意味では台湾智庫が指摘したように、政権を獲得しただけでなく議席数を増加させ絶対多数を獲得した今後こそ、分裂の危機を迎えるかもしれない。

註

1　浅野和生「蔡英文総統の新・民進党政権と新たな日台関係」（『日台共栄』第三十九号〈平成二十八年六月〉所収）五頁。
2　後述する民進党の英文パンフレットでも、一九四五年から一九八六年までを「党外」（TANGWAI）と表記している。
3　井尻秀憲『李登輝の実践哲学―五十時間の対話―』（ミネルヴァ書房、二〇〇八年九月十日）百頁。
4　司馬遼太郎『街道をゆく　四十　台湾紀行』（朝日新聞社、一九九五年二月二十日）四百九十五頁。
5　李登輝『李登輝より日本へ　贈る言葉』（ウェッジ社、二〇一四年）百二十六、百二十九頁。

参考文献

伊藤潔『台湾』（中公新書、二〇〇〇年七月五日）
浅野和生『台湾の歴史と日台関係』（早稲田出版、二〇一〇年十二月十二日）

浅野和生編著『台湾民主化のかたち―李登輝総統から馬英九総統まで』（展転社、平成二十五年十二月十四日）
井尻秀憲『台湾経験と冷戦後のアジア』（勁草書房、一九九三年七月二十日）
井尻秀憲『激流に立つ台湾政治外交史―李登輝、陳水扁、馬英九の二五年』（ミネルヴァ書房、二〇一三年九月二十日）
若林正丈『東アジアの国家と社会2　台湾　分裂国家と民主化』（東京大学出版会、一九九七年十一月七日）
同『台湾の政治　中華民国台湾化の戦後史』（東京大学出版会、二〇一〇年六月十八日）
丸山勝『陳水扁の時代―台湾・民進党、誕生から政権獲得まで』（藤原書店、二〇〇〇年四月三十日）
李登輝著・中嶋嶺雄監訳『李登輝実録　台湾民主化への蔣経国との対話』（産經新聞社、二〇〇六年五月二十日）
黄昭堂著・宗像陸幸・趙天徳編訳『台湾独立建国運動の指導者　黄昭堂』（自由社、平成二十五年八月十五日）
日本文パンフレット『民主進歩党』（民主進歩党国際事務部、二〇〇三年四月）
同『民主進歩党の概要』（民主進歩党国際事務部、二〇〇四年八月）
英文リーフレット『民主進歩党』（民主進歩党国際事務部）
陳儀深『従建党到執政―民進党相関人物訪問紀録』（台北、玉山社出版、二〇一三年）

第四章　民進党の三十年と立法委員選挙

日台関係研究会事務局　松本一輝

民進党結党三十年

台湾で政党結成の自由が認められたのは一九八九年一月のことである。したがって民進党が正式に法律上、政党として認められたのはこれ以後のことであるが、民主進歩党の結党は一九八六年九月二十八日であり、今年は民進党結党三十周年である。つまり、当初は違法状態での政党結成であった。三十年目の今年、一月の総統選挙と立法院選挙で勝利したことにより、五月二十日に民進党の蔡英文が総統の座に就き、二度目の民進党政権がはじまった。

台湾においては国民党の一党支配が長く続いており、民進党結党以前は中国国民党以外の政党は存在せず、一九四九年の中華民国台湾移転以来、二〇〇〇年総統選挙によって民進党の陳水扁が政権につくまで、国民党一党支配が続いていたのである。

今日の台湾では当然のように定期的に選挙が行われ、政党ごとにマニフェストが発表され、華々しい選挙戦が繰り広げられ、有権者は自分の意思で政党、政治家に投票しているが、わずか三十年前まではそうではなかったのである。

そのような状況に、民進党が風穴を開け、今日のような状況をつくるのに大きく貢献したことは紛れもない事実である。

本章は、戦後台湾の立法委員選挙の歴史を振り返り、民進党三十年の選挙結果を分析することにより、台湾の民主化の流れを明らかにする。

台湾初の中華民国憲法による選挙

台湾の近代的な選挙としては日本統治時代の昭和十年（一九三五）と昭和十四年（一九三九）に地方選挙が実施されていたことがある。つまり、中華民国憲法以前にも選挙が行われていたのである（詳しくは、『日台関係研究会叢書2　一八九五―一九四五　日本統治下の台湾』「第四章　戦前期台湾における地方選挙」を参照）。

中華民国憲法は、一九四六年十二月二十五日に制定され、一九四七年一月一日に発効した。この憲法には、国民大会代表と立法委員の選挙権、被選挙権、任期、選出人数が規定されている。国民大会は、各地域住民の代表、職業代表などの国民大会代表からなり、主として総統の選出と憲法の修正を担当する、一種の国会である。しかし、趣旨としてはアメリカ大統領選挙における大統領選挙人のような機関で、常設の議会ではない。一方、立法院は常設の議会として立法機能を果たすものである。なお、規定によると、国民大会代表の任期は六年とされ、各県市およびこれと同等の区域で代表一人を選出する。さらに、人口が五十万人を超えるごとに代表一名を増加選出することになっていた。同様に、立法委員の任期は三年と定められ、選出人数は、各省、直轄市においては人口が三百万以下のときは五人、人口が三百万人を超える場合は、百万人を超える毎に一人ずつ追加することになっている。

これらの規定に従って、一九四七年十一月二十一日から第一期国民大会代表選挙が、翌年一月二十一日から第一期立法委員選挙が行われた。ただし、その時点ですでに中国共産党の支配権が確立している地域では選挙は実施されなかった。そのため、憲法に規定されている定員より少ない人数しか選出されなかった。国民大会は定員三千四十五人に対して二千九百六十一人の選出、立法委員は七百七十三人に対して七百六十人の選出にとどまった。

憲法が制定され、施行された後、次第に国共内戦が激化し、一九四九年十月には中国共産党が北京を首都として中華人民共和国の建国を宣言した。同年十二月には中華民国政府は中国大陸を追われて台湾に移転して、中国は台湾の中華民国と大陸の中華人民共和国に分断された。そのため、中華民国としては、憲法で定めた任期のとおりに中国全土で選挙を執行することができなくなった。蔣介石国民党政府は、一九四八年に動員戡乱時期臨時条款を制定して、総統の権限を拡大していたが、本来一九五一年に行われる予定の選挙を凍結して任期を延長した。その後、司法院大法官会議第三十一号解釈によって、次の選挙が行われるまで、第一期立法委員が職権を継続して行使できるようにした。この結果、国民大会代表、立法委員は合法的に三十九年あまりその地位に残ることとなり、いわゆる万年代表（万年委員）となった。

その状況を変えたのは一九六六年三月二十一日および一九七二年三月十七日の臨時条款の修正である。この修正により、台湾移転後においても選挙を行うことが可能な自由地区（台湾移転後に中華民国政府の統治権がおよんでいる地域）や光復地区（統治権を奪還した地区、実際には存在していない）においては、臨時条款によって改選選挙を行うことのできない大陸選出の議員は、そのまま任期を延長する一方で、台湾省で選出される委員数を増大させ、選挙を実施することとした。一九六九年選挙は「補充選挙」

であり、この選挙で選出する十一人は、従来の改選が凍結された委員と同様に万年委員とされた。

一九七二年以後に行われた「増加補充選挙（以下、本章では増加定員選挙とする）」の増加議席については、憲法の規定通りに三年ごとに定期改選することとした。また、一九七二年から一九八九年の増加定員選挙においては、区域代表（原住民選挙区を含む）、職業代表と総統の推薦による海外華僑代表が選出された。海外華僑代表は、一九八九年までは改選数の約二十五～二十九％、つまり、選出数の四分の一あまりが総統の指名であった。職業代表は当初の憲法によると、農業代表十八人（うち女性二人）、漁業代表三人、工人（労働者）代表十八人（うち女性三人）、工業代表十人、商業代表十人、教育代表十五人（うち女性三人）、新聞記者五人、弁護士三人、会計士一人、技師二人、医療関係四人（うち女性一人）の合計八十九人であった。

一九七二年六月の増加定員選挙で増加分には、国民大会代表では農民代表として三人、漁民代表は一人、労働者代表一人、工業代表二人、商業代表二人、教育代表一人の合計十人、立法委員は、農民代表二人、漁民代表一人、労働者代表二人、工業代表一人、商業代表一人、教育代表一人の合計八人とされた。

後に、一九八〇年の増加定員選挙では定数が増員され、国民大会代表では農民代表として三人、漁民代表は二人、労働者代表三人、工業代表三人、商業代表三人、教育代表二人の合計十六人、立法委員は、農民代表四人、漁民代表二人、労働者代表四人、工業代表二人、商業代表二人、教育代表二人の合計十六人となった。

職業代表の投票権を持つ者は、通常の区域代表の投票権に代えて職業代表の投票権を行使した。総統が直接指名する海外華僑代表と職業代表を合わせると、総選出数の約四十五％となり、これは総統もしくは国民党政府の支配権が強かった。

立法委員の増加定員選挙は三年ごとの改選だが、実際には一九七五年、一九八〇年、一九八三年、一九八六年、一九八九年に行われた。一九八〇年選挙については、一九七八年の米中国交正常化とそれに伴う中華民国のアメリカとの国交断絶による影響で、七八年に予定していた選挙が延期されたものである。以下立法委員選挙の経緯を解説する。

補充選挙と増加定員選挙の実施

一九六九年の補充選挙は台北市と台湾省の一区と二区の三つの選挙区、定数十一人で行われた。立候補者は国民党から八人、無所属で十五人が立候補した。この時の投票率は五十五％で、選挙の結果、国民党からは八人全員が当選、無所属からも三人が選出された。定数は十一人であったが、国民党はその十一議席を埋めるようには公認候補者を立てなかったのである（以下、立法委員選挙の概況については表1を参照）。

一九七二年増加定員選挙では定数五十一人となり、うち区域代表が二十八人、華僑代表十五人、職業代表八人であった。当選者は五十一人中四十五人が国民党であった。

表１　台湾の戦後の立法委員選挙の区分と選出数

	選出数	区域代表	区域比率	華僑代表		職業代表		全国不分区
				選出数	党外・民進	選出数	党外・民進	
1969	11	11						
1972	51	28	54.9	15	0	8	1	
1975	52	29	55.8	15	0	8	1	
1980	97	54	55.7	27	0	16	1	
1983	98	55	56.1	27	0	16	0	
1986	100	57	57.0	27	0	16	1	
1989	130	83	63.8	29	0	18	4	
1992	161	125	77.6	6	2	－		30
1995	164	128	78.0	6	3（2）	－		30
1998	225	176	78.2	8	4（3）	－		41
2001	225	176	78.2	8	6（4）	－		41
2004	225	176	78.2	8	5（4）	－		41
2008	113	79	－	－		－		34
2012	113	79	－	－		－		34
2016	113	79	－	－		－		34

一九七五年増加定員選挙は定数が前回より一人増えて五十二人、うち区域代表が二十九人、華僑代表十五人、職業代表八人であった。当選者は五十二人中四十五人が国民党であった。以上のように、この時期の選挙では、選出された議員の八十五％以上を国民党が占めていた。

次に行われる予定であった一九七八年立法院選挙は、前述の通り米中国交正常化とそれに伴う中華民国のアメリカとの国交断絶による影響で選挙が延期され、一九八〇年に行われた。

定数は九十七人と大幅に増加し、うち区域代表が七十九人、華僑代表二十七人、職業代表十六人であった。当選者は九十七人中七十九人が国民党であった。

一九八三年増加定員選挙は定数が九十八人、区域代表が八十人となり、うち華僑代表二十七人、職業代表十六人であった。当選者は九十八人中八十三人が国民党であった。選出者中の国民党の占有率は、八十五％

弱である。

しかし、言い換えると、当時は国民党一党支配といいながら、当初から十数％は非国民党の当選者がいたのである。彼らはいわゆる党外人士であるが、地方選挙を含めて、これらの存在がその後の民進党結党への核となったのである。

民進党結党後の選挙

一九八六年九月二十八日に民進党が結党した直後の、一九八六年立法院増加定員選挙は、定数百人で、うち華僑代表二十七人、職業代表十六人であった。

この選挙は党禁解除前とはいえ、国民党政府が民進党の結党を黙認したため、実質的には民進党結党後初の選挙といえる。

しかし、報禁、党禁の影響があり、依然として、国民党公認候補以外は非常に苦しい状況での選挙であった。選挙結果は国民党が得票率六十六・七％で、百議席のうち七十九議席を占める状況であった。民進党は得票率二十四・六％、十二議席からのスタートであった。なお、一九八六年の段階で前述の万年委員が国民大会代表に八百九十九人、立法委員に二百二十二人存在しており、一九四八年の選挙から三十五年あまりが経過してもなお、議会の主導権を彼らが握っていた。

その後、一九八七年七月十五日に戒厳令が解除された。翌一九八八年一月一日には報禁解除によって新たな新聞が発行できるようになった。そして一九八九年一月には新たな政党の結成が合法化された。国民党以外の政党が正式に、表立って政治活動ができるようになったのである。

一九八九年の増加定員選挙は、結党が自由となった後の最初の選挙であり、民進党だけではなく多くの政党が結成され、立候補者を出した選挙であった。総統は八八年に急逝した蔣経国に代わって李登輝が就いていた。しかし、後に台湾の民主化に尽力する李登輝総統であったが、この時点で総統就任から一年ほどであり、しかも蔣経国の急逝に伴う繰り上げ人事であったこともあり、党内の混乱を抑えるのに手いっぱいの状態で、必ずしも国民党内の主導権を得ていなかった。そのため、この立法委員選挙では制度的な変更をすることはできなかった。

新しい政党結成が許可され、表立って選挙活動をできるようになった初めての選挙ということもあり、選挙戦は盛り上がりを見せた。しかし、国民党の「伝統」ともいえる旧来の選挙戦術も健在であった。現金による買収や選挙妨害、そして票のすり替え疑惑まで噴出する始末であった。

選挙結果は、選出議席百三に対して、国民党は前回の七十九議席から七十二議席に減少して、一部報道では「国民党敗北」と書かれた。しかし、この選挙においても総統指名の華僑代表が二十九人当選しており、国民党は改選議席数の三分の二を獲得して、国民党一党支配の構造は維持された。一方、民進党は十二議席から二十一議席へと増加させた。その結果、二十議席以上が必要な法案提出権を獲得し、存在感を示せることとなった。

李登輝による憲法改正

一九九〇年二月、李登輝は国民党中央常務委員会において、国民党の党公認の総統候補として選出され、三月の国民大会で九割近い得票で当選した。李登輝が最初に総統に就任した八八年の段階では、蔣経国の急逝に伴う繰り上げで総統になったに過ぎず、党内から総統として信任を得たわけではなかったため、李登輝総統の構想する統治を行うことはできなかった。しかし、国民大会での信任を得て、正規の手続きを経て総統に再選されたことで、李登輝はかねてから構想していた台湾民主化に向けて、積極的に取り組むことが可能となった（立法委員選挙の結果については表2を参照）。

李登輝は、国民大会の万年代表、立法院の万年委員の撤廃に着手した。一九四七年、翌四八年の選挙で選出され、以後、選挙の凍結によりその地位に就いたままとなった彼らは、およそ四十年経過してもなお、議会の主導権を握っていた。李登輝は彼らを説得して、最終的に多額の退職金を与えるなどの条件で、引退に同意させることに成功した。そして、九一年四月の国民大会において中華民国憲法を改正させ、万年議員の廃止と、中華民国の実効支配のおよぶ「中華民国自由地区」での民意代表選出、並びに中華民国総統を有権者の直接選挙で選出することを定めた。

この憲法改正を踏まえた九一年十二月の国民大会代表選挙は、万年代表五百六十五人を全員引退させたうえで、すべての議席を改選するという民主改革の上で大きな選挙となった。この選挙では、前回、一九四七年の選挙時より中華民国の実効支配の範囲が大幅に狭まっているため、定数は引退議員

表２　台湾の戦後立法委員選挙の結果

			民進党（党外）			泛緑			国民党			泛藍			その他		投票率	投票者数
	年次	選出数	得票率		議席数	得票率		議席数	得票率		議席数	得票率		議席数	得票率	議席数		
増補万年	1969	11			2				76.0		8					1	55.0	368万
増補改選	1972	51			2				73.1		45					4	68.2	519万
〃	1975	52			2				77.6		45					5	76.0	639万
〃	1980	97	13.0		8				71.9		79					10	66.4	658万
〃	1983	98	18.9		6				69.4		83					3	63.2	689万
〃	1986	100	24.6		12				66.7		79					9	65.4	772万
〃	1989	130	29.9		21				59.2		94					15	75.1	947万
総改選＊	1992	161	31.0	2,944,195	51	31.0	2,944,195	51	53.0	5,030,725	95	53.0	5,030,725	95	16.0	15	72.0	967万
〃	1995	164	32.9	3,132,156	54	32.9	3,132,156	54	46.1	4,349,089	85	59.1	5,572,020	106	8.0	4	67.6	944万
〃	1998	225	29.6	2,966,834	70	29.6	2,966,834	70	46.4	4,659,679	123	53.5	5,368,144	134	16.9	21	68.1	1004万
〃	2001	225	33.4	3,447,740	87	41.2	4,249,300	100	28.6	2,949,371	68	54.6	5,136,827	115	4.2	10	66.2	1033万
〃	2004	225	35.7	3,471,429	89	43.4	4,228,141	101	32.8	3,190,081	79	46.9	4,552,831	114	9.7	10	59.2	972万
総改選＊＊	2008	113	38.2	3,775,352	27	39.1	3,869,192	27	53.5	5,291,512	81	53.8	5,319,766	82	7.1	2	58.5	1005万
〃	2012	113	43.8	5,763,186	40	43.8	5,763,186	43	48.2	6,339,301	64	49.6	6,525,011	67	6.6	2	74.5	1339万
〃	2016	113	44.6	5,416,683	68	48.3	5,865,692	73	38.9	3,280,949	35	42.4	4,783,488	38	9.3	2	66.3	1240万

総改選＊は、中選挙区と比例代表全国区と同海外華僑代表、ただし１票制
総改選＊＊は、小選挙区比例代表２票制
92 年には趙少康や王建煊ら後の新党候補が無党籍で立候補した。

	民進党	国民党	その他
1986	24.6	66.7	8.7
1989	29.9	59.2	10.9
1992	31.0	53.0	16.0
1995	32.9	46.1	21.0
1998	29.6	46.4	24.0
2001	33.4	28.6	38.0
2004	35.7	32.8	31.5
2008	38.2	53.5	8.3
2012	43.8	48.2	8.0
2016	44.6	38.9	16.5

	泛緑	泛藍	その他
1986	24.6	66.7	8.7
1989	29.9	59.2	10.9
1992	31.0	53.0	16.0
1995	32.9	59.1	8.0
1998	29.6	53.5	6.9
2001	41.2	54.6	4.2
2004	43.4	46.9	9.7
2008	39.1	53.8	7.1
2012	43.8	49.6	6.6
2016	48.3	42.4	9.3

より少ない三百二十五人であった。

選挙結果は、国民党が得票率七十一・一七％、二百五十四議席を獲得して圧勝した。この得票率は八九年の立法委員選挙での得票率六十・八三％を上回る数字であった。民進党は得票率二十三・九％、六十六議席で八九年立法委員選挙の得票率二十八・二九％から得票率を減らす結果となった。選挙後、民主党の許信良は得票率が伸び悩んだ要因について「国民党の大規模な買収やテレビ・メディアの全面的独占にある」と語った。

たしかに、当時の国民党と民進党の間には大きな力の差があった。この台湾政治史上もっとも立候補者の多かった選挙でどの選挙区でも多数の候補を当選させられるほどの力を、合法化されて二年ほどの民進党は持たなかった。さらに、民進党自身が選挙の争点を「台湾独立」としたことが、経済成長著しい当時の台湾では、変化を求めず現状維持が望まれたため、支持を拡大できない要因となったとも指摘されている。

一九九二年十二月二十九日、国民大会代表選挙の一年後に、立法委員総選挙が実施された。この選挙は万年委員が全員引退した後の、すべての立法委員を選出する、台湾で初の立法委員総選挙であった。選挙結果は国民党が得票率五十三・〇％と国民大会代表選挙よりかなり低かったのに対し、民進党は得票率三十一・〇％となった。民進党は、九一年国民大会代表選挙での台湾独立路線を控えめにし「現状維持」路線に切り替えたことで、極端な台湾独立路線に躊躇していた有権者が投票したと考えられる。

台湾の新聞各紙は、この結果を国民党の敗北と評したが、定数百六十一人に対して国民党は九十六議席、民進党は五十議席であって、依然として国民党が圧倒していた。

なお、一九九二年から二〇〇四年の選挙は中選挙区制で、有権者は一票のみ投じる。その票が政党の公認候補への票であれば、当該政党への支持票としてもカウントされ、各党合計得票を基にドント式配分により、全国不分区議席と華僑代表議席が割り当てられる、つまり一票を三回カウントする特殊な制度であった。

例えば九三年の場合、定数百六十一人のうち、中選挙区で選出される議員が百二十五人、中選挙区の票のうち政党公認候補への票が、その政党への支持票としてカウントされて、これに基づいて全国不分区三十人と華僑代表六人を、それぞれ比例制で配分するのである。そのため、選挙区選挙で候補者を多く擁立できる政党は政党得票数が増えるので、比例代表でも有利となり、小政党にとっては不利となる制度であった。

一九九五年立法委員選挙は、一九九二年立法委員選挙の三年任期満了に伴うものであった。選挙結果は、国民党が得票率四十六・一％と減少し、議席数も十一減らしたものの八十五議席を獲得して過半数を確保した。民進党は得票率三十二％、五十四議席と得票率、議席数ともに増加した。この選挙では国民党から分裂した「新党」が参戦し、得票率十三％で二十一議席を獲得した。従来の国民党支持者の一部が新党支持に回ったため、国民党が数字を落としたとみられる。

一九九六年中華民国総統選挙は、台湾史上初の国民直接投票による総統選挙であった。このときから、総統選挙では総統と副総統がペアで立候補する仕組みになっている。国民党からは李登輝・連戦が立候補し、民進党からは彭明敏・謝長廷、新党からは林洋港・郝柏村、無所属で陳履安・王清峰の四組が立候補した。選挙結果は、国民党の李登輝・連戦ペアが約五百八十一万票、得票率五十四%と過半数の得票で、次点の民進党候補の約二百二十七万票、得票率二十一・一%に大きく差をつけて勝利した。

この時点で立法委員選挙、国民大会代表選挙、総統選挙の三つの選挙を終え、中央から地方まですべての機関が国民あるいは地域住民の直接選挙によって選出される民主化が完成したのである。

一九九八年選挙と台湾の支持者の傾向

一九九八年に定数大幅増の二百二十五議席で行われた立法委員選挙は、国民党が約四百六十六万票、得票率四十六・六%で百二十三議席の過半数を獲得した。民進党は前回立法委員選挙を上回る二百九十七万票、得票率二十九・六%で七十議席を獲得したが、得票率も議席獲得率も微減となった。なお、この選挙で定数が大幅に増加したのは、このとき台湾省議会を廃止したので、それまで台湾省議会に反映されていた地域の民意を、立法院の議席で代替させることにしたためである。

また、一九九八年立法委員選挙は、台北市、高雄市の市長選挙、同市議会議員選挙と同日に投票が行われており、この二つの都市ではいわゆる「三合一選挙」となった。

九八年台北市長選挙は、後に台湾総統となる二人が対決するという、後から振り返ると非常に興味深い選挙であった。民進党からは現職で、後に総統となる陳水扁が立候補し、国民党からは二〇〇八年から二期八年にわたって総統を務める馬英九が立候補した。

結果は国民党の馬英九が七十六万六千三百七十七票を獲得、得票率五十一・一一％で勝利し、台北市長の座に就いた。民進党・陳水扁は六十八万八千七百二票、得票率四十五・九三％、このほか新党・王建煊は四万四千四百五十二票、得票率二・九六％であった。

この選挙のポイントは国民党対民進党の構図だけでなく、第三勢力として登場した新党の存在にあった。新党は国民党から分裂して誕生した党で、国民党とは相いれない部分があるものの、支持者はもともと国民党の支持者である。そのためこの選挙でも、新党支持者は、王建煊候補の当選が覚束ないとみるや、現職で有利に選挙戦を進める民進党・陳水扁よりは国民党・馬英九に勝たせた方がまし、ということで王建煊への支持を撤回して国民党に投票したのである。

同時に行われた台北市議会議員選挙では、各党得票率が国民党四十・一％、民進党四十・〇％、新党十八・六％であったのに、台北市長選挙では、新党・王建煊は三％も得票できず、供託金没収となった。その低下分の票が国民党・馬英九に流れ、馬英九は現職を打ち破って当選したのである。

実はこの前の九四年の台北市長選挙では、これと似て非なる現象が見られた。国民党現職の黄大洲、民進党の陳水扁に対して、新党が趙少康を立候補させた。この頃、趙少康は人気政治家であって、黄大洲を支持率で凌駕した。すると、国民党支持者の一部が、戦後に大陸から台湾に移転した大陸系の血筋の二世政治家であり、国民党が台湾人である李登輝の路線をとることに反発して新党を結党した趙少康が当選するくらいなら、台湾人である陳水扁がましということで、黄大洲に代えて陳水扁を支持することとなった。いわゆる「棄黄保陳」、つまり黄大洲を棄てて陳水扁をとるという動きである。こうした国民党支持者のエスニックな投票行動の影響もあって、九四年の台北市長選挙で陳水扁が当選した。九八年の台北市長選挙は、いわばその裏返しであった。

二〇〇〇年選挙と民進党・陳水扁政権の誕生

二〇〇〇年の総統選挙は、台湾の民主主義の歴史において大きな転換点となる選挙であった。国民党からは李総統の下で副総統であった連戦が総統候補に、行政院長を務めた蕭万長が副総統候補に、国民党大会で公認候補として選出された。しかし、この決定が、国民党の分裂を招く結果となった。

李登輝の民主改革の下、一九九四年に初めて台湾省長が住民直接選挙で選出されることになり、初代の民選省長となった宋楚瑜が、一九九八年には同じ李登輝の民主改革として、台湾省の簡素化によって台湾省長と省議会が廃止されて、失職した。省内各地を巡って住民と触れ合った宋楚瑜は、省長として一般の評価は高く、通常であれば九八年に省長に再選されるところ、そのポストそのものが消滅したのである。宋楚瑜は、省長としての実績と知名度から、省長ポストがなくなった後には、自分が次期総統にふさわしいと自負していた。それだけに、李登輝から連戦への禅譲という国民党の総統公認候補決定に反発して、無所属での立候補を決めたのである。

一方、民進党は、陳水扁・呂秀蓮を民進党公認の総統・副総統候補として決定した。民進党は、公認候補決定のために台湾全土で予備選挙を実施しており、これに勝利した陳水扁が党公認となったのだが、予備選挙に参戦していた元党主席の許信良は、これに敗北したが総統立候補を諦めきれず、離党して無所属で立候補した。また、新党からは李敖・馮滬祥の正副総統ペアが立候補した。

選挙の結果、接戦で民進党の陳水扁が当選した。得票率は民進党の陳水扁・呂秀蓮が三十九・三％、無所属の宋楚瑜・張昭雄が三十六・八％、国民党の連戦・蕭万長は二十三・一％であった。この結果、半世紀あまり続いた国民党政権が終わりを告げ、台湾史上初めて、一般有権者の選挙による政権交代が実現することになった。

この政権交代の要因としては、民進党支持者の増大もあるが、宋楚瑜の立候補によって、国民党支持者の票が割れたことが大きく影響したといえる。いわば陳水扁は「漁夫の利」を得たのである。

総統選挙の勢いを受け、翌二〇〇一年に行われた立法委員選挙でも、民進党は総議席数二百二十五議席に対して八十七議席を獲得し、過半数には届かなかったものの、初めて立法院第一党となった。対する国民党は六十八議席で、国民党から分裂した宋楚瑜が結成した親民党は四十六議席であった。国民・親民両党を合計すれば百十四議席となるから、国民党は分裂しなければ過半数の議席を確保できたことになる。

かねてから李登輝は民主化の過程のなかで、国民党と対抗できる政党の登場を望んでいた。二つの大政党が議論の末に出した結論が、真に民意を反映すると考えていたからである。その先に起こるべきことは、二大政党間の政権交代のはずであった。ところで、民進党は、国民党と対等に渡り合える支持基盤を確立したわけではなかったが、李登輝が進めた台湾省の簡素化が、国民党の分裂と宋楚瑜の立候補を招き、結果的に民進党の陳水扁政権が誕生することになった。あるいは、民進党政権の誕生は、やや早産であったかもしれない。

二〇〇四年の総統選挙においても、二〇〇〇年に続いて再び民進党の陳水扁が当選し、民進党政権が維持された。しかし、この選挙の投票日前日の午後に、台南市内で遊説していた陳水扁と呂秀蓮が銃撃される事件が発生し、それ以後、投票前夜の選挙集会が一切中止されるという異常事態のなかで投票が行われた。当選した民進党の陳水扁と、落選した国民党の連戦との差はわずか〇・二％、陳水扁五〇・一％、連戦四九・九％の得票率で、票数ではわずか二万六千票の差であった。しかし、僅少差とはいえ、民進党の歴史で初めて、国民から過半数の支持を得て、陳水扁は総統に再選された。

この年末に実施された立法委員選挙では、民進党は前回と同様の八十九議席を獲得して第一党となったが、国民党七十九議席、親民党三十四議席であって、二つの党合わせて百十三議席と、議席数の上では前回選挙と変わらない結果となった。

二〇〇八年総統・立法委員選挙と国民党の政権奪還

二〇〇八年の総統選挙は、国民党の馬英九が五十八・四五％の票を獲得し、民進党の謝長廷を約二百二十万票の大差で破り、民進党から国民党への政権交代を果たし、八年ぶりに政権の座に復帰した。

民進党の敗因としては、陳水扁総統一族のスキャンダルが挙げられる。陳水扁総統の第二期政権では、陳水扁とその家族による汚職問題が目立つこととなった。二〇〇五年八月、前総統府秘書長の陳哲男が業者の接待で海外旅行をしたというスキャンダルが発覚し、その後も総統夫人へのデパート商品券収賄疑惑他のスキャンダルが浮上して、その追及が続いた。スキャンダルは陳水扁本人にまで波及するなか、二〇〇八年五月に総統を退任した。総統の不起訴特権がなくなった後の同年十一月十一日、総統府機密費流用及び資金洗浄容疑などにより、陳水扁は台湾最高検に逮捕された。

民進党支持者は一連の汚職疑惑問題によって大きな衝撃を受け、党の基盤は活力を失った。そのため、二〇〇八年総統選挙で民進党から立候補することになった謝長廷は、本来の支持基盤がある台湾南部でも苦しい選挙戦を強いられることになったのである。

対する国民党の馬英九は台北市長以前から、若くクリーンなイメージを持っており、ハンサムな風貌から女性の支持も多かった。そのため、二〇〇八年選挙においても、スキャンダルに苦悩した民進党政権と好対照となって、中間層の支持も獲得して、総統選挙で大勝した。

立法委員選挙は二〇〇八年総統選挙に先がけて一月に行われたが、この二〇〇八年選挙から定数が前回までの二百二十五議席から百十三議席へとほぼ半減された。これに伴い、選挙制度も中選挙区制から小選挙区比例代表並立制に変更された。また、立法委員の任期は四年に延長された。

選挙の結果、中国国民党が八十一議席で過半数を獲得した。民進党は二十七議席と、定数半減以上の減少となった。与党として、選挙制度改革に賛成していた民進党は、自ら定めた新たな選挙制度によって、大敗する結果となったのである。

二〇一二年総統選挙は、国民党の馬英九・呉敦義のペアが約六百八十九万票、得票率五十一・六％、民進党の蔡英文・蘇嘉全は約六百九万票、得票率四十五・六％、親民党の宋楚瑜・林瑞雄が約三十七万票で得票率二・七％という結果だった。民進党は得票数、得票率ともに前回より伸ばし、国民党との差を縮めたものの、馬英九国民党政権が二期継続することとなった。

立法委員選挙は中国国民党が約六百二十三万票、四十八・一％で六十四議席を獲得して過半数議席を確保、民進党は約五百七十五万票、得票率四十四・五％と票を伸ばし、十三議席増の四十議席という結果になった。

この選挙においては、比例代表選挙において親民党と台湾団結連盟の得票率が、議席分配の最低基準である五％をクリアしたが、これは前回に国民党に回っていた票が親民党に流れたためで、結果的に国民党の議席が減少することになった。

これには、二〇〇八年には、一月に立法委員選挙、三月に総統選挙が実施されたが、二〇一二年から、二つの選挙が同日に実施されることになったことも影響した。親民党のリーダー宋楚瑜は、二〇〇八年総統選挙には立候補しなかったが、今回は総統選挙に参戦したことで、同日に行われる立法委員選挙に対して、親民党支持者を糾合することができたのである。二〇〇八年には、親民党支持者は、総統選挙では国民党の馬英九の支持に回ったから、その余波で立法委員選挙でも、親民党の結束力は低下していたのである。この選挙では宋楚瑜が総統としての当選を度外視して立候補し、立法委員選挙での親民党候補の得票増に貢献した。

他方、李登輝元総統直系の政党である台湾団結連盟は、この選挙が最後の選挙になるかもしれないということで、支持者が積極的に支持したともいわれる。

国民党の勝因は、第一次馬英九政権の四年間で大きな失策がみられず、有権者が及第点を与えて、現状維持を選択したことにあると分析された。

対する民進党では、初の女性総統候補、蔡英文が、馬英九の対中政策、九二年の中台のコンセンサスを掲げ「一つの中国」を承認していたのに対し、これを認めず、新たな対中関係の政策として「台中コンセンサス」を提唱した。しかし「台中コンセンサス」の内容は不鮮明で、当選後に民主的手続きで決めたいというものであり、今後の中台関係について有権者の不安を与えるところがあった。このため、現職を凌駕するだけの国民の支持を集めることができず敗退した。

しかし、同日に行われた立法委員選挙で、民進党の当選者は二十七から四十へと大幅に増加しており、小選挙区制選挙での弱さを克服しつつあった。

二〇一六年選挙と蔡英文政権の誕生

二〇一六年一月十六日、総統選挙と立法委員総選挙が行われた。民進党は前回二〇一二年選挙と同様に蔡英文を立候補させた。国民党は紆余曲折の末に朱立倫を公認候補とし、親民党からは宋楚瑜が立候補した。

投票結果は、民進党の蔡英文が六百八十九万四千七百四十四票、得票率五十六・一二％で当選し、政権は国民党から民進党へと交代することになった。民進党は、立法院でも定数百十三議席のうち六十八議席の過半数を獲得した。総統と立法院の過半数を民進党が占めたこと、立法委員選挙で過半数の得票率を獲得したのは民進党結党以来初のことであり、地滑り的大勝利であった。

民進党の勝因としては、まず国民党馬英九政権の失速が挙げられる。中台関係は民進党陳水扁政権時代にはしばしば緊迫する場面があったが、二〇〇八年五月に馬英九政権が発足すると一転して、緊密ぶりを誇示することとなった。六月には中台交渉の結果として、中国からの観光客受け入れを開始、直行チャーター便を実現するなど、急速に距離を縮めることとなった。こうして二〇一〇年六月には中台間でＥＣＦＡ（経済連携枠組協定）が締結され、相互の市場開放が急速に進んだ。

しかし、中台関係の緊密化によって、台湾人のなかではこのまま経済的に接近、融合が進むと、台湾が中国に吸収されるのではないかという危機感が高まっていった。台湾を訪問する中国人は日増しに増え、観光地には中国人があふれかえり、台湾の空気は一変した。中国人との直接接触が日常的になるにつれて、台湾人の間で「自分たちと中国人とは違う」という認識が広まった。

国立政治大学の選挙研究センターの世論調査によれば、自分を「台湾人」であると回答した割合が二〇〇八年以降急速に高まっており、二〇一五年には六十％を超えた。皮肉なことに、中国との距離が狭まるにつれ、いわゆる台湾人の台湾アイデンティティーの意識が高まり、台湾人は中国人を異質な存在と感じるようになり、台湾では中台統一への危機感が高まっていったのである。

そのことを象徴する事件が、二〇一四年三月十八日から四月十日まで二十三日間におよんだ立法院本会議場占拠事件、いわゆる「ひまわり学生運動」である。馬英九政権は、ＥＣＦＡからさらに一歩を進めて、中台サービス貿易協定で合意し、これを批准、発効させようとしたが、この協定の内容と審議経過が、多くの台湾人、そして学生たちの危機感に火をつけ、立法院選挙という直接行動を促したのであった。

ひまわり学生運動は、台湾のみならず世界中に大きなインパクトを与えたが、台湾では学生、教員だけでなく一般からも強い支持を受けた。学生たちは、サービス貿易協定批准の棚上げと、政府による中台交渉への立法院の関与のための立法措置を講ずる約束を勝ち得て、三週間あまりで議場から粛々と去って行った。しかし、馬英九国民党への不信感と、中台関係のこれ以上の接近への危機感は、台湾社会に浸透していた。そのことはその年十一月の統一地方選挙の結果に表れている。

十一月二十九日、台北市、新北市、桃園市、台中市、台南市、高雄市の中央直轄の六大都市と、その他の各県市の首長及び議会選挙の投票が行われた。その結果、六大都市では新北市を除く四都市で民進党が勝利、首都台北市でも国民党は敗北して、無所属の柯文哲が当選した。全国二二県市でみても、民進党公認候補が十三県市と過半数を占め、民進党の圧勝であった。

民進党は、統一地方選挙での大勝の勢いを、翌年の総統選挙にまで持ち越した。

二〇一六年の総統選挙に民進党は蔡英文を候補に立て、六百八十九万四千七百四十四票、得票率五十六・一二%で圧勝し、政権交代を実現した。民進党が過半数の票を獲得したのは、二〇〇四年総統選挙での得票率五十・〇一%以来のことである。

さらに注目しておきたいのは、民進党が立法委員選挙において、国民党と親民党の合計得票を上回ったことである。親民党は、国民党から離脱してできた政党であり、民進党支持者の多くはもともと国民党の支持者である。新党や民国党も、同様に国民党からの分派である。したがって、国民党支持者が国民党公認候補に納得せず、選挙で支持できないときには民進党候補に投票することもあるし、あるいは親民党の候補者に勝利の見込みがないとき、親民党支持者の票が国民党候補に回ることがある。これらの党は、「藍陣営」として一括して論じられることがある。

一方、民進党と台湾団結連盟、それに二〇一六年の時代力量などは、「台湾は台湾で中国ではない」という考えで一致しており、「緑陣営」として一まとめに論じられることがある。

今回の総統選挙、立法委員選挙では、民進党の得票が藍陣営の票を超えていた。台湾の歴史上初めて、民進党の完全勝利であった。

民進党の三十年と立法委員選挙

ここで改めて表1を見ていただきたい。

表1は、国民党政府の台湾移転後の、立法委員選挙の選出区分と選出数をまとめたものである。民主化に舵を切った一九九二年選挙において職業代表は廃止され、華僑代表は総統指名を廃止して比例代表制を採用するとともに定数が大幅に削減されている。それ以前の選挙においては、総統指名や国民党の指定席が総選出数の約四十五％を占めていた。しかし、住民の選挙で決定する区域代表の比率は、時とともに逓増していたことがわかる。

表2は台湾の戦後立法委員選挙の結果である。

表2を見ると、民進党は一九九八年に微減があるが、二〇〇四年までは得票率と議席数が基本的には増加傾向であったことがわかる。二〇〇八年は小選挙区制導入の影響で議席数と議席率を大きく減らすこととなったが、その後、二〇一二年、二〇一六年には順調に回復した。

図1は、民進党結党の一九八六年以来の民進党、国民党、その他の得票率をグラフ化したものである。図1の得票率をみると、議席数の増減を余所に、得票率はほぼ一貫して逓増していることがわかる。総統選挙や地方選挙など、年ごとに選挙があって、新聞論調では国民党も民進党も勝った負けたといちいち論じられるが、立法委員選挙の得票率だけを見れば、民進党はこの三十年で順調に支持者を増やしているのである。

対する国民党は、一九八六年から二〇〇一年まで得票率を減少させている。特に二〇〇一年の減少の原因は、親民党の国民党からの分裂である。その後、二〇〇八年選挙では陳水扁総統批判の世論と小選挙区制導入で大勝したが。馬英九が再選された二〇一二年を含め、立法委員選挙では、得票率が再び減少傾向となった。

次に、図2は、緑陣営と藍陣営とその他の得票率をグラフ化したものである。泛緑は緑陣営、つまり先述のとおり民進党と台湾団結連盟および時代力量の合計であり、泛藍は藍陣営、つまり国民党、新党と親民党および民国党の合計である。

図2を見ると、泛緑は一九九八年と二〇〇八年に得票率を減少させている。九八年は、台湾省議会の廃止で、国民党省議員が立法委員選挙に回って、その支持基盤を活かした結果、泛緑が微減となったもので、二〇〇八年については前述の国民党の大勝に加えて、泛緑陣営の台湾団結連盟が振るわなかったことも要因の一つである。しかし、図1の民進党と同様、泛緑の得票率は基本的には右肩上がり、逓増である。

対する国民党陣営の泛藍についてであるが、一九九二年までは新政党の登場と民主的選挙導入の影響で数字を落としている。その後は一九九五年、二〇〇一年、二〇〇八年には若干数字を伸ばしているが、一九九八年、二〇〇四年、二〇一二年、二〇一六年と数字を落とし、三十年間の概観では、逓減している。

これをまとめてみると、泛緑の得票率は一九八六年の二十四・六%から二〇一六年の四十八・三%

図１　二大政党の得票率

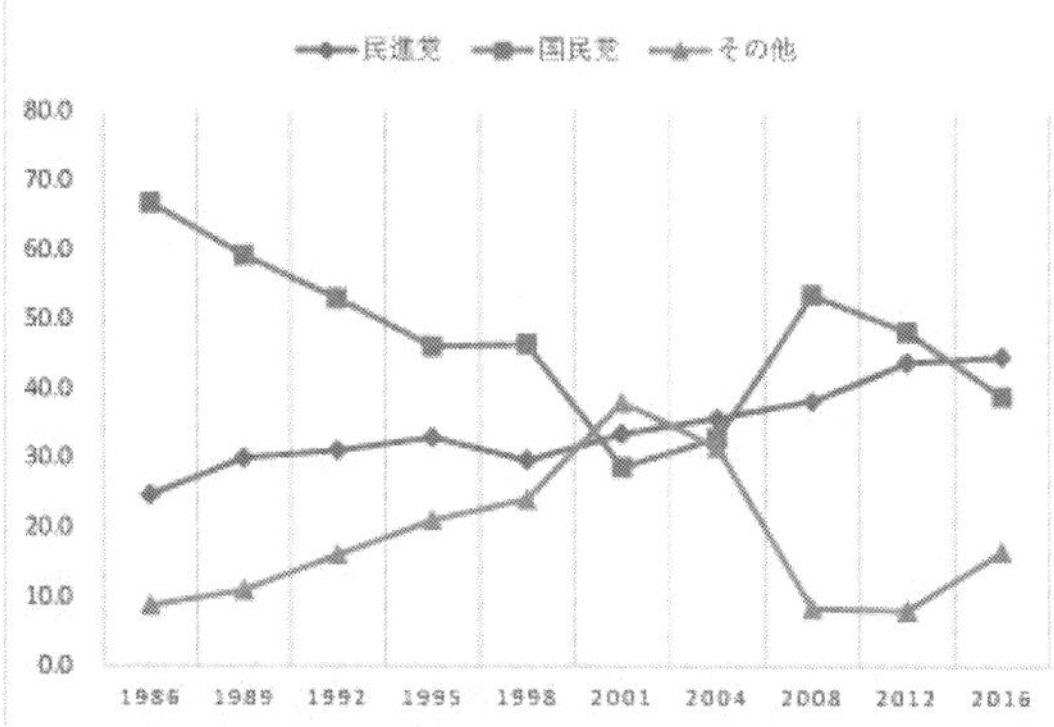

図２　泛緑と泛藍の得票率

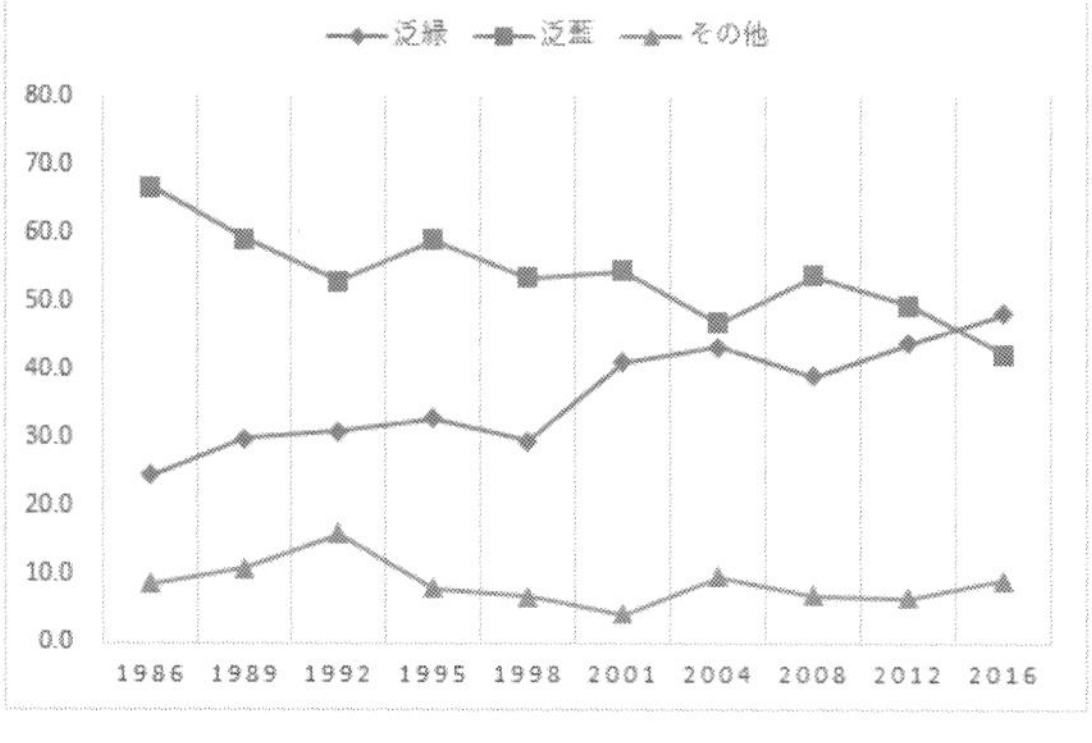

へと三十年で倍増した。これに対して、泛藍は六十六・七％から四十二・四％へと三十年で三分の二に減少したのである。

三十年前の一九八六年、国民党は一党支配を確立させてすでに二十七年が経っていたのに対して、民進党は生まれたばかりのよちよち歩きであった。そして民主主義自体が、台湾においては制度的に不十分で、運営上も定着していなかった。しかし、民進党の努力と、李登輝政権の静かな革命というべき民主化を通して、時とともに台湾の民主主義は進化し、社会に根付いていった。図1と図2は、民進党への支持の高まりとともに、台湾の民主主義の深化、二大政党制の定着と、台湾アイデンティティーの高まりの軌跡をも示している。

そして三十年の苦難の道程の結実として、二〇一六年の総統選挙、立法委員選挙に民進党は完勝した結果、誕生したのが蔡英文政権である。

第五章

陳水扁政権期の「公民投票」の実現——民主化の一里塚としての国民投票——

東洋大学非常勤講師
山形勝義

はじめに

今日まで、台湾では国民党と民進党の間で政権交代が繰り返されてきた。初の政権交代は、二〇〇〇年三月の総統選挙において民進党の陳水扁が歴史的勝利を納めた結果実現したものであり、都合三回の交代が実現している。

民進党は台湾独立を党是とする政党であったが、総統に就任した陳水扁は、就任式で台湾独立を語らず、「中共が武力を発動する意図がない限りにおいて、私は在任中に独立を宣言せず、国名を変更せず、二国論を憲法に盛り込まず、統一か独立かといった現状の変更に関する住民投票は行わず、また国家統一綱領や国家統一委員会を廃止することもいたしません」と述べたが、台湾の自立を訴えるとともに、「自由民主万歳！　台湾人民万歳！」と演説を結んだ。これに対して、中国政府は陳水扁が台湾独立の途を歩むのではないかと懸念した。

民進党は野党であった一九八八年から、台湾の国際的地位を確立するため、国民投票の実施を主張してきた。また、一九九九年五月に党員代表大会で制定した「台湾前途決議文」には、台湾の将来を台湾人民が決定するため、国民投票法の制定を明言している。

これに対して国民党は、戦後一貫して政権を掌握しながら、憲法で定めるレファレンダムやイニシアチブのために、本来は必要となる国民投票のための法制度を整備してこなかった。民進党はこれを推進させようとしたのである。しかし、陳水扁政権が成立して、国民投票の根拠となる法整備を進め

表１：陳水扁政権期における国民投票の実施結果

2004年3月20日　総統選挙と同日に実施された国民投票の結果

	有権者数	投票人数	投票率	同意（賛成）票	不同意（反対）票	同意率	可否
第1案	16,497,746	7,452,340	45.17%	6,511,216票	581,413票	91.80%	否（不成立）
第2案	16,497,746	7,444,248	45.12%	6,319,663票	545,911票	92.05%	否（不成立）

2008年1月12日　立法委員総選挙と同日に実施された国民投票の結果

	有権者数	投票人数	投票率	同意（賛成）票	不同意（反対）票	同意率	可否
第3案	17,277,720	4,550,881	26.34%	3,891,170票	363,494票	91.46%	否（不成立）
第4案	17,277,720	4,505,927	26.08%	2,304,136票	1,656,890票	58.17%	否（不成立）

2008年3月22日　総統選挙と同日に実施された国民投票の結果

	有権者数	投票人数	投票率	同意（賛成）票	不同意（反対）票	同意率	可否
第5案	17,313,854	6,201,677	36.82%	5,529,230票	352,359票	94.01%	否（不成立）
第6案	17,313,854	6,187,118	35.74%	4,962,309票	724,060票	87.27%	否（不成立）

ようとすると、国民党は、民進党の提出する法案は、文言がどうであれ「台湾独立」を問うための制度になるのではないかと警戒した。そこで陳水扁総統は、国民投票のための立法が行われなくても、総統の権限で国民投票を行うという姿勢を示した。結果的に、台湾における国民投票のための立法過程は紆余曲折を辿り、二〇〇三年に公民投票法が成立したが、その内容は、陳水扁政権としては不満足なものとなった。

また、陳水扁政権下では、二〇〇四年に一回、二〇〇八年に二回の合計三回、国民投票が行われたが、いずれも成立の要件を満たすことができず、不成立に終わった（詳しくは表1を参照）。

本章においては、陳水扁政権期において、台湾の国民投票実施のための「公民投票法」はどのように制定されたのか、そして三回実施された国民投票はどのような経過をたどったかを説明して、台湾の国民投票制度と陳水扁政権期の政局の一断面を紹介したい。

ＳＡＲＳ禍が国民投票実現の契機に

さて、台湾における国民投票実現の直接の契機は、台湾でＳＡＲＳ（重症急性呼吸器症候群）が蔓延して、ＷＨＯ（世界保健機構）へ参加を申請した際に、中国に阻止されたことであった。すなわち、二〇〇三年五月十九日、ジュネーブにおいて開かれた第五十六回ＷＨＯ年次総会に、台湾はオブザーバーとしての参加を求めたが、これが認められなかった。中国政府がなりふり構わず反対工作を展開して、台湾の参加を拒んだのである。

当時、台湾では伝染病のＳＡＲＳが流行して、死者が出る事態となっていた。ところで、ＳＡＲＳの病原菌は中国から持ち込まれたものであるとする分析が公表されており、それが台湾社会の一般的見解でもあった。実は、中国政府はＳＡＲＳ発生の初期段階において、事態を隠してＷＨＯに報告しなかった。このために、ＳＡＲＳ感染が台湾、東南アジア、カナダ、アメリカにまで拡大してしまったのである。こうして、中国は国際社会において、衛生政策に対する信頼を失った。

台湾の国内では、ＳＡＲＳの治療に当たっていた医療関係者にも死者が出るなど事態は深刻化したが、台湾はＷＨＯに加盟していないため、各国と情報を共有し、協力してＳＡＲＳに対処することができなかった。このため、陳水扁総統は台湾がＷＨＯに加盟していないことの不合理を国際社会に訴えると同時に、今後国境を越えてくるＳＡＲＳその他の感染症に対して、世界各国と協力して対処する為に、台湾のＷＨＯのオブザーバー参加の申請を行った。

しかしながら、台湾がＷＨＯへの参加申請を行おうとした際、台湾の参加を国際機関が認めることは、「二つの中国をつくり出す」という理由から、中国政府が台湾参加に強く反対した。ところで、北京政府の立場は、中国は一つで、その中国とは中華人民共和国であり、その中国に台湾は含まれるという「一つの中国」の主張にある。しかし、中国政府は、一瞬たりとも台湾を統治したことがないのだから、北京政府が「全中国を代表して」ＷＨＯに参加していても、台湾のＳＡＲＳ蔓延に対応することは不可能である。それ故、台湾は中国とは別の存在として、ＷＨＯへの参加が認められるべきであると主張したのである。陳水扁政権では、これ以前からＷＨＯへの参加を希望していたが、ＳＡＲＳという事態を受けて、この年の台湾の期待は例年に比べて大きかった。その背景には、米国、日本、欧州議会が台湾の参加について事前に支持を表明していたことがある。しかしながら、結局のところ、中国の反対にあい、台湾のオブザーバー参加は実現できなかった。

このＷＨＯ総会の翌日の五月二十日、陳水扁総統は、「ＷＨＯ加盟を求める国民投票」実施に向けた協議を行うよう、与野党に呼びかけた。現実には、この国民投票でどれだけ多数の国民がＷＨＯ加盟を求めたとしても、それによってＷＨＯへの参加が認められるわけではない。しかし、国民投票を実施すること自体が国際社会へのアピールであり、中国に対抗する意思表示になる。それと同時に、台湾内部に向けて、陳水扁政権が中国に断固たる対応をするという決意を示すことにもなる。

その後、ＳＡＲＳの感染がしだいに終息する状況になっても、ＷＨＯ参加問題を契機とする台湾と中国との対立は続き、また中国政府は、台湾が国民投票を実施することは、それがどのようなものでも「台湾独立」につながるとして、断固たる反対を表明していた。

そうしたなか、二〇〇三年七月五日、ＷＨＯは台湾のＳＡＲＳ感染地域指定を解除した。

陳水扁政権における国民投票の嚆矢

ところで、陳水扁政権としては、国民投票によって課題解決を図り、政権への求心力を高め、立法院での与党の主導権を獲得したいテーマは、ＷＨＯ加盟の賛否を問うことの他にもいくつかあった。

この背景には、陳水扁政権の与党民進党が立法院（国会に相当）において過半数を占めておらず、国民党を中心に国民党から派生した新党と親民党の野党陣営が支配的であるという状況があった。つまり、二〇〇〇年の陳水扁政権の成立は、国民党から二人の有力候補が総統選挙に出る分裂選挙となったため、民進党が漁夫の利を占めたことによる。その後も陳水扁政権の期間には、立法院選挙で民進党が過半数を得ることはなかった。したがって、民進党政権は常に議会対策で苦労し、陳水扁政権の望む法案を立法院で通過させることは至難の業だったのである。そこに活路を拓く方途として、陳水扁総統は国民投票の実施を企図していた。国民多数の支持が明確となった政策、法案は、民進党が立法院で少数派でも、その法案成立、政策執行を確保できるはずだからである。

二〇〇三年六月二十七日、行政院が開いた非核国家推進委員会で、陳水扁総統は二〇〇四年三月二十日の次期総統選挙と同日、あるいはそれ以前の段階で、第四原子力発電所建設中止、立法院（国会）

の議席削減問題などの重大政策について、国民投票を実施する予定であると宣言した。このとき、陳水扁総統は国民投票について以下のように説明している。

すなわち、国民投票とは国民の民主・主権の体現であり、議会政治に対する重要な補完・強化措置であり、この直接民主の方式は法律がないからといって制限されるものではないと述べた。また、諸外国における国連加盟、ＥＵ加盟国など、国家にとって重大な課題や社会的に意見が分かれる政策については、国民投票を実施して長期的な社会対立を解消してきたと説明した。

さらに、与党・民進党副秘書長の李応元も、国民投票の議題として、第四原子力発電所の建設の是非、ＷＨＯへの加盟、立法院改革の推進を取り上げることを明らかにした。

このとき、陳水扁総統は、国民投票の立法化がされない場合であっても、つまり国民投票の法的根拠がなくても、総統の権限によって国民投票を行うことが可能であると考えていた。それは、法的根拠がなくても、ポーランドとチェコにおいて、ＥＵ加盟問題について国民投票を実施した事例があったためである。ちなみに陳水扁総統は、「中国との統一」、「台湾の独立」に関する問題は国民投票の議題に取り上げないとし、中国および国際社会への配慮を示した。

第四原子力発電所の建設中止を問う理由

さて、国民投票の議題に、第四原子力発電所の建設中止の賛否が掲げられるようになった理由について以下に説明する。

台湾にはすでに稼働して営業運転をしている三つの原子力発電所があるが、これらはいずれも台北から遠く離れた、台湾南東部などに所在している。しかし、効率的な電力供給のためには、最大の人口を抱え、産業が集積している台北の近くに第四原子力発電所を建設すべきであるという考えから、李登輝政権下において建設工事が開始された。また、一九九九年の台湾中部大地震によって、中部の変電、送電施設が大きな被害を受けると、南部の発電所から北部への送電に支障をきたした経験から、北部に建設される第四原子力発電所の必要性が再認識されていた。しかし、逆に人口密集地域に近い原子力発電所で事故が発生すれば、その影響は深刻であるとして、原発建設反対の声も高まった。

そうしたなか、第四原子力発電所の建設中止は、陳水扁政権発足時からの重要課題であった。二〇〇〇年の総統選挙に立候補する際、陳水扁総統候補の選挙公約、行動綱領七十一項は、原子力発電所の新設に反対するというものであった。それ以前から、民進党は原子力発電所の建設に反対する立場であった。

二〇〇〇年十月二十七日、陳水扁政権発足から五ヶ月、行政院長となった張俊雄は「第四原発建設中止決定」を発表した。しかし、二〇〇一年一月十五日、大法官会議は行政院のこの決定に手続き上の不備がある宣告した。これを受けて、一月三十一日、国民党など野党が過半数を占める立法院は、第四原発の建設継続の決議を行ったが、行政院はこれを拒否した。最終的には、第四原子力発電所の建設中止については、野党による激しい反発があるばかりでなく、行政院がこれを中止することは手続き違反であるとの大法官の判断もあったため、陳水扁総統は建設継続を決断、発表した。ただし、第四原発建設は、その後も一貫して政治問題として微妙な課題であり続け、馬英九国民党政権下で工事は進められたが、二〇一四年四月にも街頭での大規模な反対運動があり、二〇一六年にいたっても稼働にはいたっていない。

そのようななか、二〇〇三年七月四日に、もともと原子力発電所建設に反対の意思を示していた民進党元主席の林義雄等が、第四原子力発電所の建設反対を訴えて座り込み運動を実行しようとした。ちょうどＳＡＲＳの感染が終息した時期でもあり、陳水扁政権は、国民投票の議題を「ＷＨＯ加盟問題」から「原子力建設中止へ問題」へと転換させていく。

政権の二期目を問う総統選挙が翌年三月に迫ってきたこともあり、陳水扁総統にとっては、党内の意見を無視できる状態ではなかった。しかしながら、国民世論では第四原子力発電所の建設続行賛成の意見が強く、国民投票を行っても、この時点では建設中止となる可能性は低いと見られていた。

立法院の議席削減の賛否を問う理由

つぎに、国民投票の議題として、立法院議席削減の賛否を問うことが議論された理由について説明する。

一九九七年七月、台湾では「第四次憲法追加修正」、すなわち憲法改正が行われた。この結果として、立法委員の定数が百六十四から二百二十五に増加された。この背景に、中華民国がたどった戦後の歴史がある。

つまり、一九四六年に制定された中華民国憲法が定める統治体制は、大陸の中国全土と台湾を合わせて統治するシステムであって、そのために中央政府の下に二十九の省政府が置かれて、各省に省議会が設置されていた。そして、一九四九年に中華民国が台湾に移転して以後、政府の実効統治範囲はほぼ台湾省のみとなったのだが、中央政府および議会と、台湾省の政府および議会が、そのまま存続してきた。例えば、一九九四年には、台湾省長選挙と合わせて定数七十九の台湾省議会議院選挙が実施されたが、当時は、ほぼ同じ領域を統治する中央政府でも立法委員百六十四人が選出されていた。

この重複を解消するため、李登輝政権では一九九八年に台湾省政府、議会が凍結し、定数七十九の省議会を廃止するかわりに、定数百六十四であった立法院の定数を二百二十五名に増加させたのである。

しかしその後、立法委員二百二十五人というのは、小さな台湾の中央政府として多すぎであって、議会運営を混乱させる原因であるとして、議員削減が求められるようになった。議員定数削減そのものは与野党の多数派の見解であったが、議席数を百五十にするのか、百十五にするのか、国民投票で賛否を問うことが議論されたのである。

台湾世論の反応

ところで、二〇〇三年六月二十四日付の『聯合報』が、世論調査結果を発表した。まず、台湾国内での国民投票の実施について、賛成五十九％、反対二十八％、意見なしが十三％であった。次に、WHO加盟問題についての国民投票の実施について、国民投票実施を支持する者が五十一％で、支持しない者は三十六％であった。

また、第四原子力発電所建設中止の是非について、国民投票の実施が必要とした者は三十六％、必要ないとした者は四十七％であった。さらに、中国が強く反対していた、台湾と中国の統一あるいは台湾独立問題について、国民投票実施に賛成の者が三十九％、反対の者は四十五％であった。つまり、WHO以外のテーマでは、反対者が賛成者を上回る結果となった。

これまで、野党第一党の国民党と第二党の親民党は、国民投票について反対はしないものの積極的に支持する立場をとらなかった。その後、六月末までに、野党は、国民投票実施に賛成する方向に態度を変えようとしたが、国民党、親民党とも、陳水扁総統が述べたように国民投票の立法化を待たずに投票を実施することには明確に反対であった。

国民投票法の骨子

国民投票にかけるべき課題が変遷するなかで、陳水扁総統は、台湾独立については国民投票で採り上げないことを繰り返し強調していた。しかし、民進党内部からは、本来、国民投票実施の目的は、台湾の存在を国際社会に示し、中国政府に対抗することにあるとして、国民投票の目的をもっと明確にすべきであるとする意見も出されていた。

二〇〇三年六月三十日、民進党の中央政策会が、国民投票を立法化する構想をまとめた。立法院に提出する国民投票法の草案は、①法律性の公民投票、②憲法レベルの公民投票、③国家の主権に関する公民投票として、三段階に分けて規定されていた。そして③は、「防御性公民投票」として、国家の安全および緊急事態など、国家の現状変更が迫られた事態において実施されるもので、国家の安全に対して脅威が及ぶことが国民投票実施の前提条件であるとされた。

翌七月一日、行政院長の游錫堃は、民進党が主張する主権に関する国民投票とは、台湾独立を問うものではなく、国家の安全が脅威にさらされた場合の対応を問う「防御性公民投票」であると説明し、国民投票の目的に台湾独立が含まれていないことを強調した。

しかし野党は、この法案に基づいて、国民に対して国旗、国号の変更について国民投票を実施して賛否を問うのではないかと懸念し、国号の変更とは、台湾独立を意味するとして、民進党案に反対の意向を示した。

次いで七月十一日に立法院理事会が招集されると、民進党は国民投票法案を提出した。しかし、立法院では与野党が対立して協議がまとまらず、立法院長が散会を宣言したため、国民投票法案は成立しなかった。

その後、七月十四日、陳水扁総統は民進党所属の立法委員との会合で、国民投票は憲法が認める国民の権利であり、国民投票法がなくても実施は可能であるという考えを述べた。さらに、陳水扁総統は「二〇〇四年の主要な任務は国民投票の推進であり、これは総統選挙より重要だ。国民投票にかける議題は、立法委員の数を減らす立法院改革問題、国民の意思を明示するWHO加盟問題、存廃を問う第四原子力発電所問題である」と争点を明示し、国民投票への意欲を改めて示した。つまり、法案は成立しなかったが、陳水扁総統としては国民投票実施の意欲は変わらず、総統の権限において実施する決意であった。

国民投票の実施を求める陳水扁総統の姿勢に対しては、行政院（内閣）内でも賛否が分れた。二〇〇三年九月十七日に行われた行政院院会（閣議）では、環境保護署長の郝龍斌（環境大臣、新党籍）と台北市長の馬英九（国民党籍）が、法的根拠を有しない国民投票の実施に反対意見を表明した（行政院直轄市の市長は行政院院会に出席する権利を有する）。それでも陳水扁総統が国民投票を強行しようとしたのは、二〇〇四年三月に予定されている次期総統選挙と同日で国民投票を実施することによって、現政権の求心力を高め、国民からの支持を集めようという意図もあったと思われる。

国民投票による憲法制定構想

その後、二〇〇三年九月二十八日の民進党結党記念日の集会で、陳水扁総統は「結党二十周年の二〇〇六年に台湾新憲法を誕生させよう」と呼びかけ、さらに二日後にはこの新憲法の制定は現行の手続き、つまり立法院の四分の三以上の賛成と政党比例代表で選出された国民大会での決定ではなく、国民投票実施によって新憲法を制定する方針を打ち出した。

これについて、国民党主席・総統候補の連戦は、陳水扁総統の二〇〇六年新憲法構想について「くだらない」と切り捨てた。しかしながら、この構想の発表で、陳水扁総統の支持率は少なからず上昇して、国民投票の提起が総統選挙に影響を与える傾向を示した。これに対して、中国政府は厳しい非難を展開するが、中国からの非難、批判を受けた方が、国民が陳水扁総統を支持するという見方があった。

さて、台湾の光復節である十月二十五日、台湾第二の都市、高雄において、民進党主催による「公民投票実施、新憲法制定」を求める大規模なデモが行われた。デモには、民進党の各地方支部から動員されたほか、長老教会、台湾団結連盟、李登輝友の会など、二十四におよぶ参加団体が集結した。陳水扁総統はデモ行進には参加しなかったが、夜の集会に出席し、壇上から参加者に向けて国民投票実施と新憲法制定の必要性を訴えた。さらに、二〇〇四年の総統選挙は、「台湾を信じ改革を堅持する陣営」対「台湾を矮小化し、改革に反対する陣営」の戦いであり、「一辺一国、現状維持」対「一つの中国、現状変更」の争いであり、「公民投票実施、新憲法制定派」対「公民投票阻止、改革粉砕派」の争いとなると述べ、総統選挙の争点を明示したのである。

「公民投票法」制定へ

陳水扁総統の国民投票にかける意欲は強く、中国政府からの反発にもかかわらず、デモの四日後にあたる二〇〇三年十月二十九日に、行政院院会（閣議）は、民進党から提案された「公民投票法」の草案を可決した。

また、陳水扁総統は十一月十一日、国民投票を通じて憲法を決定するのは「憲法制定」であって、「憲法改正」ではないと述べた。陳水扁総統によれば、現行憲法は一九四六年に大陸中国で制定されたものであり、二千三百万人の台湾人にはまったく適さないため、台湾人に適した新憲法が必要である。そして、二〇〇六年十二月十日の世界人権デーに、新憲法制定に国民投票を実施し、これに基づいて次期総統が就任する二〇〇八年五月二十日に新憲法を施行する構想を明らかにした。

これに対して野党・国民党主席の連戦は、陳水扁総統の主張する二〇〇六年よりも一年早い二〇〇五年に「中華民国」新憲法を国民投票によって制定するという構想を発表した。この結果、与野党が一致して国民投票による新憲法制定を目指すことになった。この新たな事態に、中国政府は台湾独立の可能性が高まったとして危機感を募らせ、台湾に対して激しい非難を展開した。

さて、中国からの激しい攻撃のなかで、国内外の批判を招かずに国民投票を実施するため、陳水扁総統としては国民投票法を成立させるべきであった。しかし、国民党と親民党による野党連合は、国民投票の実施そのものには賛成したが、「台湾独立」につながる可能性のある国民投票には反対であって、民進党提出の法案に賛成する可能性はなかった。

二〇〇三年十一月二十七日、立法院に行政院案と与党・民進党案と国民党と親民党の野党連合案の

「公民投票法案」が提出された。審議は長時間にわたったが、結果として、民進党案は廃案となり、国民党と親民党の野党連合案に沿った「公民投票法」が可決成立した。その後、陳水扁総統はこれを十二月末日に公布した。つまり、国民党と親民党の野党連合の思惑に沿った国民投票制度となったが、台湾で国民投票が導入されたことは民主化のさらなる前進といえよう。

台湾国民投票法の要点

台湾の中華民国憲法第七条～第二十四条には、「第二章人民の権利義務」の規定が置かれている。その第十七条には「人民は選挙、罷免、創制、復決の権利を有する」と規定している。創制権とは国民が法律の制定改正を提案する権利、すなわちイニシアチブであり、復決権とは立法機関の制定した法律に対して国民が賛否を決定する権利、すなわちレファレンダムである。通常、これらの手続きには国民投票が用いられる。

一般に国民投票とは、国、地方自治体における直接民主制の一方式として、国民が選挙以外の特定の意思決定や政策の選択のために行う、国民の意思を問う直接投票制度である。台湾の「公民投票法」をみると、投票には①全国的に実施するものと、②地方単位で実施するものがあるので、全国的な場合は国民投票、地方の場合は住民投票といえる。

さて、「公民投票法」の主要な点は、以下の通りである（詳しくは、文末にある資料、公民投票法―台湾国民投票法」も参照されたい)。

第一に、一般的な国民投票の発議は、立法院(国会)によるものと、国民によるものと二種類が予定されている。立法院の議決による国民投票が認められている他、国民による発議では、①国民投票の申請には、投票で問われる事項と、国民投票実施の理由に賛同する「直近の正副総統選挙有権者数の千分の五以上」の有効な署名が必要であり、国民投票に付す内容とその理由書、署名が公民投票審議委員会の審議を受け、提案が適法となれば、②改めて六ヶ月以内に国民投票実施に賛同する「有権者百分の五以上」の有効な署名を集めなければならない。以上のいずれかによって、国民投票が実施されるが、行政機関には国民投票の発議権を与えていない。

第二に、総統に「防衛性公民投票」実施の権限を与えている。つまり、国民投票法の第十七条は、台湾が外部の圧力によって脅威を受け、国家主権が改変される恐れが生じた場合、総統は行政院院会(閣議)の決議を経て、国家安全事項に関しての国民投票を実施できると規定している。

第三に、国民投票の適用事項は、法律の承認、立法原則の制定、重大政策の制定と承認、憲法修正案の承認の四点となっている。

第四に、国旗、国歌、国号、領土に関する事項については、国民投票の対象に含めるものの、その後に憲法改正の手続きを踏まなければならないとした。

第五に、予算、租税、投資、給与、人事に関する事項などは国民投票の対象から外されている。

台湾の国民投票制度の概要は以上の通りであるが、以下に陳水扁政権期における国民投票実施の経過について紹介する。

二〇〇四年総統選挙と第一回国民投票の準備

陳水扁総統は「公民投票法」が成立した直後に、国民投票が「立法化され、法によって保障されるようになった。これは国民の勝利であると信じる」と述べて評価した。しかしながら、将来、国民投票を実施するについては、まだまだ多くの障壁があるとして、その内容は陳水扁政権が期待するものではなかったことを示した。

期待が外れた点は、第四原発の建設中止およびＷＨＯへの加盟の是非を問う国民投票が、二〇〇四年総統選挙と同日では実施不可能となった点である。つまり、「公民投票法」が公布されたのが二〇〇三年十二月末であったため、三月に実施される総統選挙までに二段階の署名手続きを完了することは不可能であった。

また、陳水扁総統が希望する、国号、国旗、領土規定の変更などについては、憲法改正手続きが必要とされたため、二〇〇四年末に行われる立法委員総選挙で民進党が四分の三以上の議席を獲得して大勝することが前提条件となった。

ところで、陳水扁総統が国民投票を総統選挙と同日に実施するためには、公民投票法第十七条に基づいて、総統権限の発動による「防衛性公民投票」を実施するしかなくなった。

二〇〇三年十一月二十九日、つまり公民投票法が立法院で成立してから二日後、陳水扁総統は台中市で行われた講演会場で、二〇〇四年三月二十日に国民投票を実施すると述べた。そして、国民投票法第十七条に規定する「国家が外からの脅威に遭遇し、主権改変の恐れがある時、総統は行政院会（閣議）の決議を経て、国家の安全に関する公民投票を実施できる」という規定の存在を強調した。

翌十一月三十日、陳水扁総統は支持者の集会で、台湾から六百キロ内の中国大陸沿岸に合計四百九十六基の弾道ミサイルが台湾にむけて配備されている状況を詳細に説明した。つまり陳水扁総統は、台湾に対する中国のミサイルの脅威を強調することで、公民投票法第十七条の発動を正当化し、二〇〇四年三月二十日の総統選挙と同日に国民投票を実施することとしたのである。

こうして二〇〇四年一月十六日、陳水扁総統はテレビ演説を通じて、三月二十日に次の二つの設問による国民投票を実施することを宣言した。

第一案は、中国が台湾に対するミサイル照準を解除せず、台湾に対する武力行使を放棄しない場合、政府が反ミサイルの軍備購入を増加させ、台湾の自主防衛を強化することに賛成するかどうかである。第二案は、政府と中国が交渉し、両岸の平和安定の相互関係構造確立を推進し、それによって両岸のコンセンサスと人民の福祉を追求することに賛成するか否かであった。

これ以後、総統選挙と国民投票の実施が同時進行で進められていく。

二〇〇四年二月四日、陳水扁総統と国民党主席の連戦が中央選挙委員会に総統選挙への立候補を届け出た。同十四日には、総統候補者のテレビ討論会が約一時間半行われた。これは、一九九六年に総統直接民選がはじまって以来、初の試みであった。第一回討論会では、両者がそれぞれ八分間、自分の政見を発表した後、質問者による質問に答えることからはじまった。その後、両者は互いに五つの質問と回答を行い、最後に八分間、それぞれが結論を述べた。その討論のテーマは、労働者福祉政策、教育改革、司法改革、政治献金法、憲政改革、税制改革、両岸政策におよんだ。

二月二十日には、中央選挙委員会が、次期総統選挙の候補者名簿、選挙期間、選挙運動の時間などを発表し、第十一代総統、副総統選挙を公示した。

その翌日、二月二十一日に第二回のテレビ討論会が行われた。このときのテーマは、主権問題、経済問題から両岸関係問題におよんだ。しかし、むしろ論戦の中心となったのは、総統選挙と同日に予定される国民投票についてであった。陳水扁総統は、国民投票は台湾史上初めて実施されるもので、これは民主、平和、団結の意義を象徴するものだと指摘し、有権者に投票を呼びかけた。連戦候補は、国民投票の法的根拠である公民投票法は、国民党・親民党の野党連合が立法院を通過させたものであると指摘するとともに、陳水扁総統が総統選挙の当日に国民投票を実施することは、国民投票法と総統選挙を絡ませる選挙対策の政治的意図によるもので、正当性、必要性、切迫性に欠けると批判した。そして、連戦は、国民投票を棄権することも一つの意思表示であるとして、自身が投票を棄権する意思を明らかにした。こうして野党連合は、総統選挙では連戦・宋楚瑜のペアへの投票を求めるとともに、支持者たちに国民投票の棄権を呼びかけるキャンペーンを展開した。

投票方法をめぐる対立

二〇〇四年二月四日、行政院院会は総統の提案による国民投票の実施を了承した。これにより、中央選挙委員会は三月二十日の投票実施に向けて具体的作業を開始し、二月十日、台湾初の国民投票を公告した。その議題は先述の二点である。

しかし、公告後になって、投票方法について与野党間で意見が対立した。当初、行政院は、有権者が投票所に入場すると、本人確認の後、総統選挙と国民投票の両者の投票用紙を同時に受け取り、それぞれの投票箱に投入する方法を提案していた。しかし、総統選挙に投票にきた有権者が、国民投票でも票を投じるかどうかは自由であるのに、同時に両者の投票用紙を渡すと、両方の投票が義務のように受け取られてしまう可能性があるとして、選挙事務担当者から反対の声が出された。そのため、二月二十五日になって、有権者は投票所に入場後に、最初に総統選挙の投票用紙だけを受け取って記入し、それを投票箱に投入した後、改めて国民投票の投票用紙を受け取って、これを投票する方法に改められた。

しかし、このように投票方法が改められることは、棄権キャンペーンを行っている国民党側にとって好都合であった。国民投票の成立には有権者総数の過半数の投票が必要だが、棄権者の増加で不成立の可能性が高まるが、この時の国民投票は両案とも陳水扁総統の発議であって、その不成立は総統に対する不信任という意味を持つことにもなった。

総統選挙と第一案、第二案の国民投票実施

さて投票日前日の十九日、陳水扁は台湾南部の台南市をジープで遊説をしていた。その車両には、呂秀蓮副総統候補も同乗していたが、二人が遊説中に何者かに銃撃される事件が起きた。幸いにも軽傷であり、治療をうけた陳水扁と呂秀蓮は同日夜に退院し、そのまま専用機で台北に戻った。しかし、選挙戦最終日の選挙キャンペーンは、これ以後、中止となった。つまり、本来であれば最高の盛り上がりを見せるはずの総統選挙前夜の造勢会は、与野党を問わずすべて行われないことになった。

陳水扁は、同日午後十一時にビデオを通じて談話を発表し、治療によって容態は良好であるとした上で、国家安全体制が敷かれており、台湾国内の安全は保たれると述べ、国民に安心するよう呼びかけた。また、呂秀蓮も無事であると報告して、二十日の総統選挙と国民投票への参加を訴えた。

三月二十日、第十一代総統、副総統の選挙では、前日の銃撃事件を受けて、各地の投票所は厳重な警戒体制の下で実施された。投票の結果、中央選挙管理委員会は、僅差ながら陳水扁総統と呂秀蓮副総統の当選を確定して公告した。投票結果発表後には、敗北した国民党・野党連合公認候補の連戦と宋楚瑜は納得せず、抗議活動を行うとともに台湾高等法院に当選無効と選挙無効の訴えを起こした。しかし、最終的に陳水扁が五月二十日から二期目の総裁に就任することが法的に確定した。

なお、国民投票の結果は以下の通りである。第一案「台湾人民は、台湾海峡問題の平和的解決の立場を堅持しています。もし中共が台湾に照準を合わせたミサイルを撤去せず、台湾に対する武力使用

を放棄しない場合、あなたは政府がミサイル防衛設備を追加購入し、台湾が自主防衛能力を強化することに賛成しますか反対しますか」については、賛成（同意）票は九十一・八〇％であったが、投票率は四十五・一七％に終わった。

第二案、「あなたは、政府が中共と交渉を進め、台湾海峡両岸の平和と安定のための相互連動の構造を確立し、両岸のコンセンサスと人民の福祉を追求することに賛成しますか反対しますか」については、賛成（同意）票は九十二・〇五％に達したが、投票率が四十五・一二％に止まった。つまり、どちらも投票数が全有権者の過半数に達しなかったため、国民投票法の規定により、第一案、第二案とも国民投票は不成立となった。

再選を果した陳水扁総統は、三月二十日午後九時の投票結果を受け、自身の再選は新たな時代の開始、台湾民主主義の新時代であり、団結と調和の新時代であるばかりではなく、両岸平和の新時代でもある。そして、国民投票の実施は、台湾民主主義の前進に大きな一歩になったと国民投票を実施した意義を強調した。

陳水扁政権における憲政改革

さて、二期目の陳水扁総統は、憲政改革として国民大会の廃止を行った。国民大会はすでに非常設化されていたが、第七次憲法修正として、二〇〇四年八月二十三日、立法院は立法委員の定数を二百二十五人から百十三人に半減すること、その選挙制度として小選挙区比例代表二票制を導入すること、国民大会代表を廃止して憲法改正は立法院の発議と国民投票で決定する方式に改めることなどの憲法改正案を可決した。また、次期の立法委員から任期を三年から四年に延長することとした。

この第七次憲法修正については、二〇〇五年五月十四目の政党比例代表選挙で選ばれた非常設の国民大会において、二〇〇五年六月七日に審議を行い、既定の四分の三以上の同意をもってこれを採択した。この手続きによって、上記の憲法修正が確定した。

これ以後、憲法修正の手続きは、①立法委員全体の四分の一以上の提議と、②立法委員四分の三以上の出席の下で、出席委員の四分の三以上の多数で決議した上、③半年間の公告の後、三ヶ月以内に国民投票を実施、④国民投票において投票者数の過半数の賛成票の同意で決することとなった。これによって、国民大会は役割を終えて廃止となった。

二〇〇八年立法委員総選挙と国民投票（第三案、第四案）実施の準備

民進党と台湾団結連盟（以後、台連とする）の立法委員二十数名が、国民党の党資産を追求するために、「政党不当取得財産処理条例」制定を求めて国民投票実施のための行動を起こしたのは二〇〇六年六月十三日のことだった。すなわち、民進党と台連は、本来は国家に所属すべき日本統治時代の日本の公的、私的資産を国民党が不当に取得したと追及してきたが、立法院では国民党系多数のために上述

の条例制定は実現しなかったため、国民投票によって法成立を促進しようとしたのである。

民進党と台連は、所定のおよそ八万三千人の提案人署名を八月二十日までに達成し、行政院はこの申請を九月四日に受理した。

一方、この八月から、民進党の陳水扁総統およびその関係者に政治腐敗があるとの理由で、元民進党主席の施明徳が発起人となり、陳水扁総統の辞任を求める「百万人倒扁運動」もしくは「反貪腐倒扁運動」が開始され、台北市内で街頭活動が実施された。さらに、九月九日からは総統府前の座り込み抗議行動となった。国民党はこの運動を利用して、九月十五日に民進党案への対案として「反貪腐及決策錯誤追究責任公投」の国民投票を実施することとし、所定の署名を集めて九月二十二日に中央選挙委員会に提出した。

以上のように、今回の国民投票は、公民投票法第十七条の総統発議の方式ではなく、国民の署名に基づく通常の手続きで進められた。与野党各陣営から、それぞれの国民投票実施の提案が出されると、その審査のために公民投票審議会が設置されて、それぞれの提案と署名の審査が行われた。なお、国民党案は、同審議会で認定されて、第二段階の署名開始となったが、民進党案については同審議会で否決されたため、行政院訴願委員会に提出して、その認定を受けて第二段階に進むという遠回りを強いられた。これは、公民投票審議会の構成員が、立法院の政党構成に比例して決められるため、民進党側が少数となっていたためである。

こうして、国民党側では二〇〇七年一月初めから、民進党側では一月二十五日から、およそ八十三万人という法定署名数を目標に第二段階の署名集めが開始された。それからおよそ半年にわたって署名活動が行われ、民進党側は六月二十八日に、国民党側は七月二日に、それぞれ法定数をはるかに超えた署名を添えて、それぞれの国民投票案が行政院に提出された。

その後、中央選挙委員会での審査を経て、民進党案が第三案として九月十四日に、また、国民党案は第四案として十月二十六日に成立した。こうしてこの二案は、翌年、二〇〇八年一月投票の立法院総選挙と同日で投票が行われることになったのである。

先に述べた通り、この立法委員選挙では、新たに小選挙区比例代表制が導入され、委員の定数が二百二十五から百十三に半減された。一方、任期は従来の三年から四年に延長された。

投票方法の対立

二〇〇四年に行われた総統選挙と国民投票では、総統選挙の投票率が八十%を超えていたのに、国民投票の投票率が四十五%あまりという、投票率に大きな差が生じた。その主たる原因は、国民党が陳水扁総統提案の国民投票を不成立に終わらせるために、国民党支持者たちに「総統選挙では、連戦、宋楚瑜の国民党陣営に投票を、国民投票では投票棄権を」呼びかけたことにある。しかし、同時に棄権が多かった理由には、投票方法があると指摘された。つまり、まず総統選挙の投票用紙を渡して投票してもらい、そのあと改めて国民投票の投票用紙を渡して投票を求めるという二段階方式を用いたことが、国民投票への棄権を容易にしたと考えられたのである。そこで、二〇〇八年の国民投票では、同時に行われる立法委員選挙、あるいは総統選挙と投票率に大きな差が出ないことが求められた。

そのため、二〇〇七年十一月十六日、中央選挙委員会は二〇〇八年一月十二日に実施する立法委員選挙と国民投票の同時投票で、票の受け取りを一括方式で行うことを決定した。つまり、有権者は投票所に入るとまず立法委員選挙と国民投票の票を受け取った後、それぞれの票に記入し、立法委員選挙、国民投票の順で投票することとした。国民投票の棄権をする場合は、このときに立法委員選挙の投票用紙だけ受け取り、国民投票の用紙を受け取らないこととしたのである。

しかし、この決定に対して国民党は、一括方式を採用すると、国民投票の投票率が上がって国民投票が成立する可能性が高まるとして、自党に所属する十八の地方自治体の首長に二段階方式を採用するように呼びかけた。結果的に、二〇〇八年一月の立法委員選挙と同時に実施された国民投票では、二〇〇四年と同様に二段階方式の実施を採用することとなった。これに対して、その二ヶ月後の三月に投票が行われた総統選挙では、一段階方式が採用された。

立法委員総選挙と第三案、第四案の国民投票実施

二〇〇八年一月十二日に行われた立法委員選挙は、国民党が立法院の三分の二の議席を制して勝利した。同日に投票が行われた国民投票の結果は以下の通りである。

民進党が提案した第三案は、「下記の原則に基づき、政党の不当取得財産処理条例を制定し、中国国民党の政党財産を国民に返還することに賛成しますか反対しますか。国民党とそれに付属する組織の財産は、党費、政治献金、選挙補助金を除き、不当に取得した財産と推定され、それらは国民に返還すべきであり、すでに処分してしまったものについては、金銭で償うべきである」という設問である。第三案の賛成（同意）票は、九十一・四六％、投票率が二十六・三四％であった。

国民党が提案した第四案は、「政府機関の指導者およびその部下が故意あるいは重大な過失のある施策により、国家に重大な損害を与えた責任、ならびに立法院による調査委員会を設立して調査し、政府の各部門は全力で協力すべきであり、抵抗・拒否してはならず、国民全体の利益を守ると同時に、法を犯し失職した人員を処罰し、不当な所得を返還させることを追求する法律の制定に賛成しますか反対しますか」である。第四案の賛成（同意）票は五十八・一七％、投票率が二十六・〇八％であった。投票の結果として、国民投票が有効となる投票率、五十％以上となる過半数に達しなかったため、二つの設問はいずれも不成立となった。

二〇〇八年総統選挙と第五案、第六案の国民投票実施

国民党などの提案による第四案の国民投票の第二段階の署名活動が佳境に入り、民進党などの提案による第三案について、同じく第二段階の署名活動がスタートしたばかりの二〇〇七年一月二十六日、陳水扁総統は、「世界新興民主国家フォーラム」提唱大会において、「台湾」名義での国連加盟を推進することを表明した。これを受けて二月六日に、「台湾国連加盟公民投票大連盟」召集人として、民進党の李鴻禧らが、次期立法委員選挙と同日で、その可否を問う国民投票を実施する意向を明らかにした。民進党では、二月二十七日の中央執行委員会で、蔡同栄立法委員の提案として、「台湾」名義での国連加盟申請を目指す国民投票（以下、「入連案」とする）の実施提案が了承された。台湾団結連盟も、そのための署名活動を積極的に展開することとした。その結果、第一段階の署名は五月二十一日に有権者人口の千分の五を突破したと発表された。

「入連案」の本文と理由書を付した提案者名簿が提出されると、六月十三日に公投投審議会が開かれ、六月二十九日には提案の可否を決定することとした。

一方、国民党は民進党の「入連案」に対抗して、六月二十八日になって「実務的で弾力的な戦術で、国連への復帰及びその他の国際機関への加盟を推進する」国民投票（以下、「返連案」とする）を実施することとした。この結果、民進党の第三案と国民党の第四案の第二段階の署名終了と踵を接して、民進党系の「入連案」および国民党の「返連案」の署名集めが進められる状況となった。「返連案」の「実務的で弾力的な戦術」というのは、「入連案」が「台湾」の名称での国連加盟を求めるのに対して、「中華民国の名義でも、台湾の名義でも、その他参加が可能で尊厳が保てる」名称で加盟を求めるということである。

六月二十九日の公投審議会は、民進党提案の「入連案」を賛成八対反対十二で否決したため、民進党は第三案と同様に再審査を求めて行政院訴願委員会に訴願の手続きをとった。

なお、台湾名義で国連加盟を求める民進党系の提案に対しては、中国がいわゆる台湾独立を進める試みであるとして強く反発していた。また、この提案によって中台の対立が高まることにアメリカなどから懸念の声が出されていた。

訴願を受けた行政院訴願委員会では、七月十二日に訴願人と公投審議会、中央選挙委員会の代表による審議の結果として、公投審議会の決定を否定して、民進党の国民投票案は規定に符合すると認定し、第二段階の署名が行われる運びとなった。

国民党の「返連案」は、七月三十日までに提案のための第一段階の署名を終了して、同日、中央選挙委員会に手続き書類を提出した。同案は、八月二十八日の公投審議会において八対四で承認された。元来、同委員会委員は二十一人だが、それまでの公投審議会の審議に不満の民進党推薦の委員八人が辞任したため、十二人での表決となったのである。

結局、国民党は十一月十五日に、百五十万人あまりの署名とともに必要書類を中央選挙委員会に提出した。一方、民進党は二百七十二万人を超える署名を得たとして、十一月二十八日に提出した。

その後も、中国、アメリカなどからこの国民投票をやめるよう圧力がかけられたが、陳水扁政権は方針を変えず、立法院総選挙と第三案、第四案終了後の二月一日、中央選挙委員会は、民進党系の「入連案」を第五案、国民党の「返連案」を第六案として、三月の総統選挙と同日で国民投票を実施すると公告した。

先述の通り国民党は、第三案と第四案については、早くから公民投票用紙の受領拒否を呼びかけたが、第五案と第六案については対応の決定が遅くなった。国民党は、「入連案」の投票用紙受領拒否は決めていたが、国民党の「返連案」にどう対応するか明確にせず、有権者に任せるという消極的な対応であった。投票日が迫った三月十二日の国民党中央常務委員会は、民進党案の投票用紙受領拒否を確認し、国民党案の投票用紙も受領拒否すべきであるという主張も「十分に理解し尊重する」と決めた。つまり、国民党は民進党提案の第五案を不成立に追い込むために、国民投票の投票用紙を受け取らないよう国民党支持者に呼びかけたが、これと合わせて、自ら提案した第六案についても不成立でも良いという戦術を採ったのである。複雑な指示をすると、有権者が混乱して方針が徹底しないこと、指示が徹底しないことを懸念したと思われるが、同時に、国民党内には、一貫して台湾の国連加盟に反対している中国への配慮もあった。

一方、民進党の総統候補である謝長廷は、二つの国民投票について、両案とも支持する立場を表明していた。

さて、二〇〇八年三月二十二日に、総統・副総統選挙の投票が行われ、即日開票の結果、国民党の馬英九総統候補と蕭万長副総統候補が、七百六十五万九千票あまりを得票して、五百四十四万四千票あまりの民進党に百八十万票の大差をつけて当選した。

これと同時に投票された国民投票の結果は、以下の通りである。すなわち、民進党が提案した第五案は、「一九七一年に中華人民共和国が中華民国にとって代わって国連に加盟し、台湾は国際社会の孤児となった。台湾の国際的地位の向上および国際社会への参加を求める台湾人の意思を強く表明するために、あなたは「台湾」の名義での国連への加盟に賛成しますか？」という内容であったが、賛成（同意）票は九十四・〇一％、投票率が三十六・八二％であった。

これに対して、国民党が提案した第六案は「あなたは、名称については実務的わが国が中華民国の弾力的な戦術を用いて、中華民国名義でも、あるいは台湾名義でも、その他台湾の尊厳を保てる有効な名義でも、国連およびその関連組織に復帰するための申請を行なうことに賛成しますか？」という内容であったが、第六案の賛成（同意）票は八十七・二七％、投票率が三十五・七四％であった。

以上の通りいずれの案も、有権者の過半数の投票という国民投票成立のための要件を満たすことができず、不成立となった。

おわりに

二〇〇〇年三月の総統選挙において民進党の陳水扁が歴史的勝利を得て、台湾で初めて政権交代が実現した。陳水扁政権では二〇〇三年十一月二十七日に民主主義の手続きの一つとしての「公民投票法」が成立し、十二月三十一日に公布された。この公民投票法は国民党主導の案であったため、民進党としては内容的には納得のいくものではなかったが、台湾国民の意思を問う直接投票制度が導入されたことは、台湾国民に自由な政策選択に基づく民主主義の前進であった。

陳水扁政権成立以前から、民進党は国民投票法を成立させようとしており、一九九〇年には、蔡同栄が公民投票促進会を結成し、九一年三月、民進党の立法委員の盧修一、洪奇昌らが、林濁水の起草による「公民投票法草案」が立法院に提出されている。また、中華民国政府の台湾移転後初となる立法院総選挙に基づく、最初の立法院会議が一九九三年二月から開催されると、民進党の蔡同栄、林濁水らが再び「公民投票法案」を提出した。しかし、立法院では国民党が圧倒的に過半数を占めていたため、これらの法案は不成立に終わった。

しかし、二〇〇〇年に民進党の陳水扁政権が成立すると、積極的に国民投票を実施しようとした。大きな契機となったのは、SARSの蔓延に対処するため、台湾がWHO（世界保健機構）へ参加しようとした際に、中国に阻止されたことであった。これをきっかけに国内世論を盛り上げ、国民投票によって国際社会に台湾の意志を伝えようと企図したのであった。陳水扁総統は国民投票の根拠となる法なしにも、総統の権限で国民投票を実施する考えを持っていた。しかし、これは実現せず、SARSの終息とともに、テーマは第四原子力発電所の建設問題、さらには立法院の定数半減などへと、国民投票にかけるべき事項は拡大、変遷を見せた。

実際には、陳水扁政権において三回にわたって国民投票が実施された。

一回目の国民投票は、二〇〇四年三月の総統選挙と同日に投票が実施された。第一案、第二案の国民投票は、台湾の安全に関する二つの提案であり、総統の発議による「防衛性公民投票」という手続きが採用された。

これに対して、二〇〇八年には一月の立法委員選挙と三月の総統選挙の同日で、二回の国民投票が行われた。二回目の第三案、第四案と三回目の第五案、第六案の国民投票は、いずれも長期にわたる署名集めによって実現したものである。

以上のように、台湾史上初となる第一回の国民投票は、署名集めという大きなハードルを回避して、総統の発議で実施されたが、これに対しては国民からの批判も見られた。こうして第二回および第三回の国民投票は、二段階の署名集めという通常の手続きを踏んで実施されることとなった。

しかしながら、民進党が第三案を提案すると、国民党が第四案で対抗し、また、民進党が第五案を提案すれば、国民党が第六案で応じるということで、それぞれの案の内容に対する民意を問うというより、立法委員総選挙および総統選挙に向けて、主要政党が支持を訴え、あるいはライバル政党を攻撃するための手段として用いられたことが否定できない。特に民進党は、世論の支持の高いテーマで国民投票を設定することで、従来からの民進党支持者に加えて、国民投票に賛成の有権者から政権への支持を得ようとした。このため民進党が、国民投票を主導して、国民党は、これに受動的に対抗したのである。

二〇〇四年には総統選挙で、陳水扁が僅少差ながら過半数の得票で再選されたことからすれば、国民投票は何らかのプラスの効果を持っていた可能性がある。それ故、二〇〇八年の立法院総選挙と総統選挙に際しても、民進党が過半数を得る戦術として、第二回、第三回の国民投票を同日で実施したものと考えられる。

また、第二回と第三回の国民投票の手続きは踵を接して進められたので、二〇〇六年六月から二〇〇八年三月まで、九州より小さい台湾で、一年九ヶ月にわたって、署名集めよび支持票獲得のため活発な政党活動が続いた。この時期の台北は、常に何かの街頭政治活動があり、やや騒然とした空気に包まれていた。

第一回の国民投票は陳水扁総統の発議だったため、野党側は対案を出せなかったため、国民党は国民投票への不投票を呼びかけ、低投票率によって国民投票を不成立にさせようとした。このとき、総統選挙の投票率が八十%以上におよぶ高さであり、しかもその過半数が民進党支持であり、さらに民進党支持者が国民投票で同意票を投じたばかりではなく、国民投票の九十%以上が同意であったにもかかわらず、国民党支持者の大多数が国民投票を棄権したため投票率が四十五%と、過半数に達せず不成立となった。

二〇〇八年一月の第三案と第四案は、敵対する政党への攻撃を目的とした国民投票であり、長期にわたった署名集めキャンペーンは、そのままライバル政党攻撃であった。このとき国民党は、国民党の党資産を追求する第三案を不成立に終わらせるため、自ら提案した第四案を含めて、支持者に対して国民投票への棄権を呼びかけた。

その結果、第二回国民投票は同日の選挙が立法院総選挙であったため、五十八%というやや低い投票率であったため、国民投票の投票率五十%以上の達成は、第一回より困難な条件があった。結果は、立法院選挙でも民進党の得票率は三十七%で、国民党の五十一%を下回り、民進党は二十七議席で、国民党の八十一議席に大きく水をあけられた大敗した。しかし、国民投票では民進党の第三案の同意率は九十%を超えた。一方、陳水扁政権批判である国民党の第四案も同意率が五十八%という結果だった。前回同様に、国民党支持者の多数は国民投票を棄権したので、第四案の同意率が高かったことは、民進党支持者のなかでも、陳水扁総統周辺への批判者が多数いたことになる。

いずれにしても、第二回国民投票はいずれの案も投票率が二十六%に終わったため、両案ともに不成立となった。

続けて二ヶ月後に第三回国民投票が実施された。この日、総統選挙の投票率は七十六%超とかなり高かったが、国民投票は民進党が積極的に投票を呼びかけたのに対して、国民党が棄権を呼びかけたため、投票率は三十六%前後に終わり、不成立となった。今回も、民進党支持者のほとんどは国民投票に参加したので、民進党の第五案は同意率が九十四%にも達した。国民党の第六案も、同意率は八七%超であった。「台湾」名義での国連加盟は、当時の各種世論調査で、平均して七十%、最高で七十七%が賛成だったので、投票率五十%の関門による国民投票不成立は、国連加盟に対する国民の意思表明というより、それぞれの政党支持が反映した結果であったといえる。

以上、三回にわたって実施された台湾の国民投票は、いずれも重要事項について民意を問うというより、総統選挙および立法院総選挙の補強手段として、また議会における与野党対決の代替として実施されるという結果となった。しかし、直接民主制の一方式として、国民が選挙以外に、特定の国家的意志決定や政策の選択のために、国民の意思を問う直接投票制度として国民投票が導入されたことは、台湾の民主化の一里塚とはなった。

主要参考文献

山岡規雄「付・台湾の憲法事情」国立国会図書館調査及び立法考査局『諸外国の憲法事情三』国立国会図書館、二〇〇三年。

若林正丈『台湾の政治─中華民国台湾化の戦後史─』東京大学出版会、二〇〇八年。

中川昌郎『馬英九と陳水扁』明徳出版社、二〇一〇年。

若林正丈編『ポスト民主化期の台湾政治』アジア経済研究所、二〇一〇年。

日台関係研究会編『辛亥革命一〇〇年と日本』早稲田出版社、二〇一一年。

井尻秀憲『激流に立つ台湾政治外交史』ミネルヴァ書房、二〇一三年。

若林正丈編『現代台湾政治を読み解く』研文出版、二〇一四年。

伊原吉之助「台湾の総統選挙と政権交代」『問題と研究』第二十九巻、八号、二〇〇〇年。

井尻秀憲「台湾総統選挙の結果分析」『問題と研究』第二十九巻、八号、二〇〇〇年。

井尻秀憲「揺れる陳水扁の「全民政府」と中台両岸関係」『問題と研究』第三十巻、二号、二〇〇〇年。

伊原吉之助「陳水扁政権の一年」『問題と研究』第三十巻、九号、二〇〇一年。

浅野和生「陳水扁政権下の台湾」『問題と研究』第三十巻、五号、二〇〇一年。

羅福全「陳総統の新内閣と日台関係」『問題と研究』第三十一巻、六号、二〇〇二年。

小笠原欣幸「陳水扁政権―権力移行期の台湾政治―」『問題と研究』第三十三巻、一号、二〇〇三年。

浅野和生・渡辺耕治「台湾における政党の再編と政党連盟」『問題と研究』第三十三巻、三号、二〇〇三年。

高文雄「台湾の住民投票巡る駆け引き」『問題と研究』第三十三巻、四号、二〇〇四年。

伊原吉之助「世界を捲き込む台湾総統選」『問題と研究』第三十三巻、六号、二〇〇四年。

井尻秀憲「陳水扁再選で自立化する台湾」『問題と研究』第三十三巻、八号、二〇〇四年。

諸橋邦彦「台湾第七次憲法改正と憲政改革」『レファレンス』六五五号、二〇〇五年。

浅野和生「台湾・二〇〇四年立法院総選挙と現状維持の選択」『問題と研究』第三十四巻、五号、二〇〇五年。

松本充豊「第六期立法委員選挙と陳水扁政権の課題」『問題と研究』第三十四巻、五号、二〇〇五年。

資料

公民投票法（台湾国民投票法）

第一章　総則

第一条　憲法の主権在民の原則に則り、国民が直接的な民権の行使を確保するため、特に本法を制定する。本法に規定されていないものは、その他の法の規定を適用する。

第二条　本法にいう公民投票は、全国的および地方的な公民投票を含む。

全国的公民投票の適用範囲は以下の通り。

一、法律の審査。

二、立法の原則の制定。

三、重大政策の決定あるいは審査。

四、憲法修正案の審査。

地方的公民投票の適用範囲は以下の通り。

一、地方自治体条例の審査。

二、地方自治体条例の原則の制定。

三、地方自治における重大政策の決定あるいは審査。

予算、税、投資、給与、人事の項目は、公民投票として提議することはできない。

公民投票事項の認定は、公民投票審議委員会（以下、審議委員会と略称）がこれをなす。

第三条　全国的公民投票の主管機関は行政院とし、地方的公民投票の主管機関は直轄市政府、県(市)政府とする。

各級選挙委員会が公民投票の処理期間中、各級政府職員を事務遂行に動員することができる。

第四条　公民投票は、普通、平等、直接および無記名投票の方法でこれを行う。

第五条　公民投票実施の経費は、中央政府、直轄市政府、県（市）政府が法によって予算を組む。

第六条　本法に定める各種処理期間の日数の計算は、公職人員選挙罷免法第四条第二項および第五条の規定に準拠する。

第二章　提案者、連署人および投票有権者

第七条　中華民国国民で年齢満二十歳に達し、禁治産者の宣告を受け、まだ取り消されていない者以外は、公民投票権を有する。

第八条　公民投票権を有する者は、中華民国、各直轄市、県（市）に継続して六ヵ月以上居住する場合、全国的、各直轄市、県（市）の公民投票案の提案者、連署人および投票有権者になり得る。

提案者の年齢および居住期間の計算は、提案提出日を基点とし、連署人の年齢および居住期間の計数は連署人名簿提出日を基点とし、投票有権者の年齢および居住期間の計数は投票日前日を基点とし、すべて戸籍登記資料に依拠する。

前項投票有権者の年齢および居住期間の計数は、再投票の場合、原投票日の前日をもって基点とする。

第三章　公民投票の順序

第一節　全国的公民投票

第九条　公民投票案の提出は、他の規定のほかに筆頭提案者が公民投票案主文、理由書および提案者名簿の正本と複本各一部を、主管機関に提出しなければならない。

前項の筆頭者は一人とし、主文は百字を越えてはならず、理由書は千五百字を限度とする。文字数制限を超過した場合、超過部分は公告および公報に掲載することはできない。

第一項の提案者名簿は、規定の様式に依って逐次空欄に書き込み、直轄市、県（市）、市町村別に装丁しなければならない。

公民投票案の提出は、一案一事項を限度とする。

第十条　公民投票案提出者の人数は、提案の時点において、最も近くに行われた正副総統選挙時の有権者総数の千分の五以上でなければならない。

審議委員会は公民投票の提案を受け取ったあと、十日以内に審査を行い、提案が規定に合致しない場合は却下しなければならない。審査期間中、戸籍行政機関に書面をもって七日以内に提案者名簿の審査を要請し、提案内容の性質によって立法院および関連機関に、書面を受け取ってから一ヵ月以内に意見書を提出することを要請しなければならない。

前項提案が審査の結果、規定に合致すると認定された場合、審議委員会は十日以内に聴聞会を開き、公民投票案の提案内容を確定しなければならない。確定後は筆頭提案者に、十日以内に中央選挙委員会より連署人名簿様式を受け取り、自ら印刷し、連署を求めるよう通知する。期日を過ぎても名簿様式を受け取らない場合は、連署を放棄したものと見なす。

第十一条　公民投票案は中央選挙委員会が連署を通知する前に、提案者総数の二分の一以上の同意を得て、筆頭提案者は書面をもってこれを撤回することができる。

前項の撤回された提案は、撤回の日より起算し、原提案者が三年以内に同一事項をふたたび提出することはできない。

第十二条　第二条第二項一、二、三の項目は、連署人人数は最も近くに行われた正副総統選挙時の有権者総数の百分の五以上でなければならない。

公民投票連署人名簿は、筆頭提案者が、連署人名簿様式を受け取った日から起算して六ヵ月以内に中央選挙委員会に提出しなければならない。期限を過ぎても提出しない場合は、連署を放棄したものと見なす。

公民投票案は前項あるいは第十条第三項の規定により連署を放棄したと見なされた場合、連署放棄と見なされた日より起算し、原提案者は三年以内に同一事項をふたたび提出することはできない。

第十三条　本法の規定以外に、行政機関はいかなる形式によっても各種の問題について公民投票事項として処理あるいは委託処理することはできず、行政機関はこれについていかなる経費支出も各級公務員を動員することもできない。

第十四条　主管機関は公民投票提案を受け取り、審査により以下の事項のいずれかに該当した場合、十五日以内に却下しなければならない。

一、提案が第九条の規定に合致しない場合。

二、提案者が第十一条第二項の内容に該当し、あるいは署名、捺印、認証後、提案者数が不足している場合。

三、提案が第三十三条の規定に該当する場合。

四、提案内容の前後が矛盾し、あるいは明らかに錯誤があり、提案の真意が理解不可能な場合。

公民投票案が審査の結果、前項の各規定に抵触しない場合、主管機関は同提案を各当該審議委員会に送付して認定を要請し、同審議委員会は三十日以内に認定結果を主管機関に通知しなければならない。

公民投票案が前項審議委員会によって規定に合致しないと認定された場合、主管機関はこれを却下しなければならない。規定に合致すると認定された場合は、戸籍行政機関に十五日以内に提案者に対する審査を要請しなければならない。

戸籍行政機関は戸籍登記資料に基づき、提案者名簿と照らし合わせ、もし下記のいずれか一つの事情がある者は、その名を名簿から抹消しなければならない。
一、提案者が第八条の規定に抵触する場合。
二、提案者の姓名、住所登録の記載に錯誤があり、あるいは不明な場合。
三、提案者が国民身分証統一番号を記入せず、あるいは錯誤があり、または不明な場合。
四、提案者名簿が偽造されていた場合。
提案者名簿は審査を経たあと、提案者数が十条の規定に不足する場合、主管機関は筆頭提案者に十日以内に補塡することを通知し、補塡後なお規定人数に不足し、あるいは補塡期間を超過した場合、同提案を却下しなければならない。

提案が本法の規定に合致する場合、主管機関は同提案の性質によって分類し関連立法機関に文書を受け取ってから六ヵ月以内に、また行政機関に文書を受け取ってから三ヵ月以内に意見書を提出することを要請しなければならず、期限内に意見書が提出されない場合、却下されたものと見なす。意見書は三千字を限度とし、字数を超過した場合、その超過部分は公告できず、公報に掲載できない。主管機関は関連機関の意見を収集したあと、ただちに各当該選挙委員会に送付しなければならない。

主管機関は前項の規定により関連機関に送付する以外に、提案を当該選挙委員会に送付し公民投票事項を処理しなければならない。

選挙委員会は提案を受理したあと、筆頭提案者に十日以内に当該選挙委員会より連署人名簿様式を受け取り、自ら印刷して連署をとりまとめるよう通知占なければならない。期日を過ぎても受け取らない場合は、連署を放棄したものと見なす。

第十五条　選挙委員会は連署人名簿を受け取ったあと、審査により人数不足、または審査によって署名もしくは捺印のない者を削除したあと人数に不足が生じた場合は、十日以内に却下しなければならない。規定に合致する場合は、戸籍行政機関に対し、全国的公民投票案は四十五日以内に審査を完了し、直轄市、県（市）公民投票案は三十日以内に審査を完了すべきことを、書面をもって要請しなければならない。

戸籍行政機関は住民登記資料に基づいて連署人名簿を審査し、以下の事柄のいずれかに該当する場合、削除しなければならない。
一、連署人が第八条の資格に合致しない場合。
二、連署人の姓名、戸籍地の住所記述に錯誤があり、あるいは不明な場合。
三、連署人が国民身分証統一番号を記入せず、あるいは錯誤があり、または不明な場合。
四、連署人の連署が不実である場合。
連署人名簿の審査後、その連署者数が第十二条第一項の規定に合致する場合は、選挙委員会は十日以内に公民投票案が成立したことを公告し、同投票案に整理番号を付さなければならない。連署者数が規定に満たない場合は、選挙委員会は筆頭提案者に十五日以内に補填しなければならず、補填後もなお規定の人数に達せず、あるいは期限内に補填しなかった場合、選挙委員会は公民投票案の不成立を公告しなければならない。
第十六条　立法院は第二条第二項三の事項によって、公民投票実施の必要を認定した場合、主文、理由書を添え、立法院院会の通過後、中央選挙委員会に公民投票を実施するように通知する。
立法院の提案が否決された場合、否決の日より起算して三年以内に同事項をふたたび提出することはできない。
第十七条　国家が外部からの脅威に遭遇し、国家主権の変更に至る恐れがある場合、総統は行政院院会の決議を経て、国家の安全問題に関する事項について、公民投票を公布することができる。
前項の公民投票には第十八条に規定する期限および第二十四条の規定を適用しない。
第十八条　中央選挙委員会は公民投票日の二十八日前に、以下の事項を公告しなければならない。
一、公民投票案の投票日、投票開始時間と終了時間。
二、公民投票案の整理番号、主文、理由書。
三、政府機関が公民投票案に対し提示した意見書。
四、公民投票権行使の範囲および方式。
中央選挙委員会は公費をもって、全国的地上波テレビの時間帯を提供し、賛否両論の代表的な意見および討論の進行を公開しなければならず、指定されたテレビ局は拒否することを得ない。その実施方法は中央選挙委員会が指定する。
前項の発表会あるいは討論会は、全国的公民投票については全国的地上波テレビにおいて少なくとも五回は開催しなければならない。
第十九条 中央選挙委員会は前条の公告事項およびその他の投票関連規定を編纂し、公民投票公報を印刷し、投票日二日前に公民投票案投票区内の各戸に送付するとともに、適宜の場所に張り出さねばならない。
第二十条 法制定案あるいは法律、自治条例に対する審査案について、もし公告前に立法機関がその法制定、審査の目的を達成し、ならびに選挙委員会に通知した場合、選挙委員会は公民投票準備の進行を中止し、筆頭提案者に文書をもって通知しなければならない。
第二十一条 公民投票案成立が公告されたあと、提案者および反対意見者は、認可を経て事務所を設け、関連意見の宣伝をし、また関連活動の経費を募集することができるが、以下に記す相手からの支援金を受けることはできない。その認可および管理は中央選挙委員会が決定する。
一、外国の団体、法人、個人、もしくは主要構成者が外国人である団体、法人。
二、大陸地区の人民、法人、団体あるいはその他の機関、もしくは主要構成者が大陸地区の人民である法人、団体あるいはその他の機関。
三、香港、マカオの住民、法人、団体あるいはその他の機関、もしくは主要構成者が香港、マカオの住民である法人、団体、その他の機関。
四、公営事業あるいは政府の補助金を受けている財団法人。
前項の募金者は経費収支帳簿を設け、指定した会計士が責任を持って帳簿を保管し、投票日より三十日以内に、本人および会計士は責任を負う署名をし、収支決算報告書を持参し、中央選挙委員会に報告しなければならない。収支証拠、証明書類などは、報告後六ヵ月間保管しなければならない。ただし訴訟が発生した場合、裁判確定後三ヵ月間保管しなければならない。

中央選挙委員会は報告された内容に不実の記載があると認められる場合、収支証拠、証明書類の提出を求めることができる。

中央選挙委員会は収支決算報告を受けてより四十五日

以内に、報告された資料をまとめ、政府公報に掲載しなければならない。

第二十二条　公民投票は投票用紙に公民投票案整理番号、主文および賛成か反対かの欄を印刷しなければならず、投票者は選挙委員会が用意した筆記用具で丸印を書き込む。

投票者は丸印を書き込んだ後、それを他人に見せることはできない。

第二十三条　公民投票案投票所あるいは開票所において、下記の事由のいずれかに該当する者は、管理主任者は監察主任者の同意を得てその退出を命令しなければならない。

一、会場で騒ぎ、あるいは他人に投票もしくは棄権をうるさく勧誘し、制止に服さない者。

二、武器あるいは危険物を所持して入場した者。

三、その他の不正行為があり、制止に服さない者。

公民投票案投票者で前項いずれか一つに該当する者に退出を命令する時、その者の所持する公民投票の投票用紙を回収し、さらにその事実を公民投票有権者名簿の当該有権者氏名の下に付記しなければならない。さらにその事由の重大な場合は、専用文書をもってそれぞれ当該選挙委員会に報告しなければならない。

第二十四条　中央選挙委員会は公民投票案の公告成立後一ヵ月から六ヵ月の間に公民投票を実施しなければならず、全国的な選挙と同日施行することができる。

第二十五条　公民投票有権者名簿の作成、公告、閲覧、更正、投票、開票および有効無効票の認定は、公職人員選挙罷免法第二十条から第二十三条、第二十六条、第二十九条、第三十条、第五十条の一、第五十七条から第六十条、第六十二条、第六十四条の規定に準拠する。

公民投票案を全国的な選挙と同日施行する時、その投票有権者名簿は、全国的選挙の有権者名簿と別々に作成する。

第二節　地方的公民投票

第二十六条　公民投票案はそれぞれ直轄市、県（市）政府に提出しなければならない。

直轄市、県（市）政府が提案された公民投票の内容について、地方自治の項目に抵触するとの疑念を持った場合、行政院に認定を申請しなければならない。

第二十七条　公民投票案提案者の人数は、提案時において最も近くに行われた直轄市市長あるいは県（市）長選挙の時の有権者総数の千分の五以上でなければならない。

公民投票連署人の人数は、提案時において最も近くに行われた直轄市市長あるいは県（市）長選挙の時の有権者総数の百分の五以上でなければならない。

第二十八条　公民投票案の公告、投票用紙の印刷、有権者名簿の作成、公告閲覧、校正、公民投票公報の編纂、投票、開票および有効無効票の認定は、第十八条、第二十五条の規定に準拠する。

第二十九条　公民投票案の提案、連署について添付すべき文書、審査の順序および公聴会の実施は、直轄市、県（市）が自治条例をもってこれを定める。

第四章　公民投票の結果

第三十条　公民投票案投票の結果、投票者数が全国、直轄市、県（市）の有権者数の二分の一以上で、かつ賛成票が有効投票数の二分の一を越えた場合、可決となす。

投票者数が前項規定に届かず、あるいは賛成票が有効投票数の二分の一に達しなかった場合、否決となす。

第三十一条　公民投票案が通過した場合、各当該選挙委員会は投票終了より七日以内に公民投票結果を公告し、下記の方式に沿って処理しなければならない。

一、法律、自治体条例の立法の原則制定に関する案については、行政院、直轄市政府、県（市）政府は三ヵ月以内に関連する法律、自治体条例案を研究、策定し、立法院、直轄市議会、県（市）議会に送付しなければならない。立法院、直轄市議会、県（市）議会は次の会期の休会前に審議を完了しなければならない。

二、法律、自治体条例の審査案については、原法律あるいは自治体条例は公告の日より起算して三日目にその効力を失う。

三、重大政策に関しては、権力と責任を持つ機関が公民投票案の内容を実現するために必要な措置を講じなければならない。

四、憲法修正に関する公民投票については、憲法修正順序に沿ってこれを行わなければならない。

第三十二条　公民投票案が否決された場合は、各当該選挙委員会は七日以内に公民投票の結果を公告し、筆頭提案者にこれを通知しなければならない。

第三十三条　可決あるいは否決された公民投票案は、各当該選挙委員会の結果公告の日より起算して三年以内に同一事項を提出することはできない。ただし公共重大施設の審査案については、可決あるいは否決の投票結果公告の日より起算して当該施設の完工使用後八年以内は、ふたたび同一事項を提出することはできない。

前項の同一事項とは、提案の基礎事項が前回と類似かどうか、および前回の拡張あるいは縮小でないかどうかの判断を受けねばならない事項含む。

前項の認定は審議委員会がこれを行う。

第五章　公民投票審議委員会

第三十四条　行政院は全国的な公民投票審議委員会を設置し、以下の事項を審議しなければならない。

一、全国的公民投票事項の認定。

二、第三十三条の公民投票の提案内容が同一事項かどうかの認定。

第三十五条　行政院公民投票審議委員会は、委員二十一人を置き、任期は三年とし、各政党が立法院での議席に比例して推薦し、主管機関に送付して総統にそれを任命するよう要請する。

主任委員は委員の互選とし、審議委員会の組織規定および審議規則は、審査の参考として立法院に送付しなければならない。

第三十六条　前条委員会議は、主任委員がこれを召集する。

開会には全委員の過半数の出席によって議事を開くことができ、議案の表決は出席委員の過半数の賛成をもって可決となし、賛否同数の時には、主席が決定する。

第三十七条　直轄市政府、県（市）、政府は地域的な公民投票審議委員会を設置し、以下の事項を審議しなければならない。

一、地域的公民投票事項の認定。

二、第三十三条の公民投票の提案内容が同一事項かどうかの認定。

前項委員会の委員は、学者専門家、現地各レベルの議会議員を含まねばならず、その組織および審議規定は、直轄市政府、県（市）政府が制定し、審査の参考として立法院に送付しなければならない。

第三十八条　直轄市、県（市）公民投票委員会の決定事項は、行政院に送付して審査確定しなければならない。行政院は当該事項について地域的公民投票事項として疑問がある場合、行政院公民投票審議委員会がこれを認定する。

第六章　罰則

第三十九条　公民投票の処理期間中、公民投票妨害を意図し、公務員の法による職務遂行に対し、暴力、脅迫を行った場合は五年以下の懲役とする。

前項の罪を犯し、公務員を死に至らしめた場合は、無期あるいは七年以上の懲役となし、重傷を負わせた場合は三年以上十年以下の懲役となす。

第四十条　公然と衆をなし、前条の罪を犯した場合、現場において助勢した者は三年以下の懲役、拘置あるいは三十万元以下の罰金刑となし、首謀および直接暴力、脅迫を行った者は三年以上十年以下の懲役となす。

前項の罪を犯し、公務員を死に至らしめた場合、首謀および直接暴力、脅迫を行った者は無期あるいは七年以上の懲役となし、重傷を負わせた者は五年以上十二年以下の懲役となす。

第四十一条　暴力、脅迫あるいはその他の非合法の方法をもって、他人が公民投票案を提案、撤回提案、連署、投票しようとするのを妨害し、あるいは他人をして公民投票案の提案、撤回提案、連署、投票した場合は、五年以下の懲役となす。

前項の未遂犯はこれを罰す。

第四十二条　選挙委員会が公民投票案投票公告を発布した日より、投票有権者に対し、賄賂を約束あるいは供与、もしくは不正利益をもって、投票権の不行使あるいは不正行使を要求した場合は一年以上七年以下の懲役とし、ならびに六十万元以上六百万元以下の罰金を科すことができる。

前項の罪を予備した者は、一年以下の懲役となす。

予備あるいは約束もしくは供与された賄賂は、犯人の否定にかかわらずこれを没収する。全部もしくは一部を没収できない場合、その額を追徴する。

第一項あるいは第二項の罪を犯し、犯罪後六ヵ月以内に自首した場合はその刑を減免する。提案者が共犯者として逮捕された場合、その刑を免除する。

第一項あるいは第二項の罪を犯し、捜査中に自首した場合は、その刑を軽減し、提案者が共犯者として逮捕された場合、その刑を減免する。

第四十三条　公民投票期間中、下記のいずれかの行為があった場合、五年以下の懲役とし、ならびに五十万元以上五百万元以下の罰金刑を科す。

一、公民投票地域内の団体あるいは機関に対し、寄付の名義をもって賄賂を約束あるいは供与もしくは不正利益をもって、その団体もしくは機関の構成員に、提案、撤回提案、連署、投票をさせず、あるいは一定の提案、撤回提案、連署、投票をさせた場合。

二、賄賂の約束あるいは供与もしくはその他の不正利益をもって、公民投票案提案者あるいは連署人に、提案、撤回提案、連署、投票をさせず、あるいは一定の提案、撤回提案、連署、投票をさせた場合。

前項の罪を予備した場合、一年以下の懲役となす。

予備あるいは約束、供与された賄賂は、犯人の否定にかかわらずこれを没収する。全部あるいは一部が没収不能の場合、その額を追徴する。

第四十四条　利益を意図し、第四十二条第一項あるいは前条第一項各項目の遂行を請け負った場合は、一年以上七年以下の懲役とし、ならびに五十万元以上五百万元以下の罰金を科すことができる。

前項の未遂はこれを罰する。

第四十五条　公民投票案の進行において下記のいずれかの行為があった場合、また助勢した者は、一年以下の懲役、拘留もしくは十万元以下の罰金に処し、首謀者および直接実行した者は五年以下の懲役となす。

一、大衆をもって公民投票案提案者、連署人、もしくはその住居所を包囲した場合。

二、大衆による暴力、脅迫あるいはその他の不法な方法をもって、公民投票案提案者、連署人が公民投票案を推進するのを妨害した場合。

第四十六条　公民投票案の投票、開票の妨害を意図し、投票箱、投票用紙、有権者名簿、投票報告書、開票報告書、開票統計、筆記用具を破壊、隠匿、すり替え、あるいは奪取した場合、五年以下の懲役となす。

第四十七条　受け取った投票用紙を場外に持ち出した場合、一年以下の懲役、拘留、あるいは一万五千元以下の罰金を科す。

第四十八条　投票所周囲三十メートル以内で騒ぎ、あるいは他人に投票もしくは棄権を勧誘し、警備員に制止された後もこれを続行した場合、一年以下の懲役、拘留あるいは一万五手元以下の罰金を科す。

第四十九条　第二十二条第二項の規定あるいは第二十三条第一項の各項目のいずれかに違反し、退出を命じられ退出しなかった場合、一年以下の懲役、拘留あるいは二十万元以下の罰金を科す。

第五十条　投票用紙以外のものを投票箱に入れ、あるいは受け取った投票用紙を故意に破却した場合、五千元以上五万元以下の罰金を科す。

第五十一条　募金者が第二十一条第一項から第三項の規定に違反して寄付金を受け取った場合、五年以下の懲役となし、第一項四の規定に違反して寄付金を受け取った場合、一年以下の懲役、拘留あるいは十万元以下の罰金を科す。

前項の犯罪により受け取った金品はこれを没収し、全部あるいは一部が没収不能の場合、その額を追徴する。

募金者が第二十一条第二項の規定に違反し、規定に依らない報告をなし、あるいは第四項の規定に違反して収支証拠書類あるいは証明文書を送付した場合、十万元以上五十万元以下の罰金となし、期限内に訂正報告を行い、期限を過ぎても訂正報告をしなかった場合、その都度処罰することができる。

募金者は経費の収入あるいは支出金額について、故意に不実の報告をした場合、五十万元以上二百五十万元以下の罰金とを科す。

第五十二条　行政機関の首長あるいは関係者が本法第十三条の規定に違反した場合、六ヵ月以上三年以下の懲役となし、さらに行政機関がこのために支出した費用を追徴することができる。

第五十三条　本章の罪を犯した場合、その他の法律にさらに重い罰則が規定されている場合、その規定に従う。

公民投票事務関係者が、職務上の権力、機会、あるいは方法を用い、故意に本章の罪を犯した場合、その刑の二分の一を加重する。

本章の罪あるいは刑法分則第六章の投票妨害罪を犯し、懲役以上の刑を宣告された場合、公民権の剥奪を宣告する。

第七章　公民投票争議

第五十四条　公民投票において、中央と地方の職権分割あるいは法律上の争議もしくは行政上の争議が生じた場合、最高裁判所（大法官）の憲法上の解釈あるいは行政訴訟の手続きによってこれを解決する。

公民投票訴訟の裁判所（管轄法院）は、下記の規定に依る。

一、第一審公民投票訴訟は、公民投票実施地を管轄する高等行政法院が管轄し、その実施地が複数の高等行政法院管轄区域にまたがる場合、該当する高等行政法院が等しく管轄権を持つ。

二、高等行政法院第一審の判決を不服として上訴、抗告された公民投票訴訟事件は、最高行政法院が管轄する。

第五十五条　全国的あるいは地域的公民投票案が審議委員会によって否決された場合、筆頭提案者は通知を受け取ってより三十日以内に、行政訴訟手続きによって救済を提起することができる。

公共施設に関する重大政策の公民投票案については、当該施設の設置あるいは管理機構もまた、前項の救済を提起することができる。

訴訟を受理した機関あるいは行政法院は、職権あるいは申し立てによって暫時投票停止を裁決することができる。

第五十六条　各級選挙委員会が公民投票の違法投票を処理し、公民投票結果に影響を及ぼしたと見なされる場合、検察官、公民投票案筆頭提案者は、投票結果公告の日より十五日以内に、当該選挙委員会を被告となして、管轄する法院に公民投票無効の訴えを起こすことができる

第五十七条　公民投票無効の訴えは、法院の無効判決が確定した場合、その公民投票は無効とし、ならびに再投票の日時を定める。その違法性が投票の一部分に属する場合、その部分の投票は無効となり、無効となった部分の再投票の日時を定める。ただし無効の部分が結果に影響をまったく与えない場合は、この限りでない。

前項の再投票の後、投票結果が変更された場合、第三十一条の規定によって処理する。

第五十八条　公民投票処理の機関において、意図的に公民投票を妨害し、投票権を行使しようとする人あるいは公民投票関連事務を遂行する人に対し、暴力、脅迫あるいは不法な方法をもって投票結果に影響を及ぼしたと見

られる場合、検察官は投票結果公告の日より十五日以内に、当該選挙委員会を被告となし、所轄の法院に公民投票案の可決もしくは否決の無効の訴えを提起することができる。

公民投票案の可決もしくは否決において、その票数が投票結果を明確にするには至らないと見られる場合は、検察官、公民投票案筆頭提案者は、投票結果公告の日より十五日以内に、当該選挙委員会を被告となし、所轄の法院に公民投票の可決あるいは否決確認の訴えを提起することができる。

第一項の公民投票案可決あるいは否決無効の訴えについて、法院の無効判決か確定した場合、その公民投票案の可決あるいは否決は無効となり、再投票の日時を定める。

第二項の公民投票案の可決あるいは否決確認の訴えについて、法院の確定判決によって原投票結果が変更される場合、主管機関は法院判決確定通知の日より七日以内に、第三十一条の規定によって処理する。

第五十九条　投票有権者が公民投票の投票無効、公民投票案の可決あるいは否決の無効を構成すると見られる事情を発見した場合、投票結果公告の日より七日以内に、その証拠を備え、検察官に告発することができる。

第六十条　公民投票訴訟は再審の訴えを提起することはできず、審査を受理した法院は六ヵ月以内に結審しなければならない。

第六十一条　公民投票訴訟の手続きは、本法の規定のほか、行政訴訟法の規定を適用する。

高等行政法院は証拠の保全を行い、これを地方法院に委託することができる。

証拠保全について、民事訴訟法第百十六条第三項の規定を適用することができる。

第八章　附則

第六十二条　本法所定の罰金聴取は、各当該選挙委員会が行使し、納期通知のあと期限超過後も納入しない場合、法院に送検し強制執行を行う。

第六十三条　本法施行の細則は、行政院がこれを定める。

第六十四条　本法は公布の日より施行する。

二〇〇三年十一月二十七日制定

十二月三十一日公布

（改正　二〇〇九年十一月二十三日）

（注）全国法規資料庫・法務部全球資料網・公民投票法（http://low.moj.gov.tw）も参照されたい。

日台関係研究会関連書籍

中村勝範編著『運命共同体としての日本と台湾』展転社、一九九七年、三八二頁、二〇〇〇円
中村勝範編著『運命共同体としての日米そして台湾』展転社、一九九八年、二九四頁、一八〇〇円
浅野和生著『君は台湾のたくましさを知っているか』廣済堂出版、二〇〇〇年、二三〇頁、一三九〇円
中村勝範、楊合義、浅野和生『日米同盟と台湾』、早稲田出版、二〇〇三年、二六二頁、一七〇〇円
中村勝範、涂照彦、浅野和生『アジア太平洋における台湾の位置』早稲田出版、二〇〇四年、二五四頁、一七〇〇円
中村勝範、黄昭堂、徳岡仁、浅野和生『続・運命共同体としての日本と台湾』早稲田出版、二〇〇五年、二三八頁、一七〇〇円
中村勝範、楊合義、浅野和生『東アジア新冷戦と台湾』早稲田出版、二〇〇六年、二二二頁、一六〇〇円
中村勝範、楊合義、浅野和生『激変するアジア政治地図と日台の絆』早稲田出版、二〇〇七年、二一三頁、一六〇〇円
中村勝範、呉春宜、楊合義、浅野和生『馬英九政権の台湾と東アジア』早稲田出版、二〇〇八年、二五四頁、一六〇〇円

浅野和生著『台湾の歴史と日台関係』早稲田出版、二〇一〇年、二二三頁、一六〇〇円

日台関係研究会編『辛亥革命100年と日本』早稲田出版、二〇一一年、二八七頁、一五〇〇円

浅野和生、加地直紀、松本一輝、山形勝義、渡邉耕治『日台関係と日中関係』展転社、二〇一二年、二二五頁、一六〇〇円

浅野和生、加地直紀、松本一輝、山形勝義、渡邉耕治『台湾民主化のかたち』展転社、二〇一三年、二二二頁、一六〇〇円

浅野和生、加地直紀、渡辺耕治、新井雄、松本一輝、山形勝義『日台関係研究会叢書1　中華民国の台湾化と中国』展転社、二〇一四年、二三二頁、一六〇〇円

浅野和生、松本一輝、加地直紀、山形勝義、渡邉耕治、『日台関係研究会叢書2　一八九五―一九四五　日本統治下の台湾』展転社、二〇一五年、二四八頁、一七〇〇円

【執筆者略歴】

酒井正文（さかい　まさふみ）
昭和 24 年、静岡県生まれ。慶應義塾大学大学院法学研究科修士課程修了。中部女子短期大学助教授、杏林大学教授を経て、平成国際大学教授（現職）。平成 16 ～ 24 年まで法学部長。日本政治学会理事、日本選挙学会理事を歴任。現在、日本法政学会理事。
（主要著作）『主要国政治システム概論』（共著　慶應義塾大学出版会）、『満州事変の衝撃』（共著　勁草書房）、『大麻唯男』（共著　財団法人櫻田会）、『帝大新人会研究』（共著　慶應義塾大学出版会）など。

渡邉耕治（わたなべ　こうじ）
昭和 53 年、神奈川県生まれ。平成 13 年平成国際大学法学部卒、平成 15 年平成国際大学大学院法学研究科修士課程修了。現在、国立台湾師範大学歴史学系博士課程。
（主要著作）「戦後台湾国際関係史」（『辛亥革命 100 年と日本』早稲田出版）、「日台関係における相互認識の変化」（『日台関係と日中関係』展転社）、「台湾帰属問題と日本」（『平成法政研究』第 16 巻第 1 号）、「中台関係二十五年の回顧―政治・経済関係を中心に」（『台湾民主化のかたち』展転社）、「馬英九政権の対中政策」（『中華民国の台湾化と中国』展転社）、「中華民国による台湾接収の経過」（『一八九五―一九四五 日本統治下の台湾』）。

加地直紀（かち　なおき）
昭和 36 年　岐阜県生まれ。慶應義塾大学大学院法学研究科修了。
平成国際大学法学部准教授。日本選挙学会、日本法政学会会員。
（主要著作）「国際協調論者田川大吉郎における対外認識の矛盾」（『満洲事変の衝撃』勁草書房）、「翼賛選挙と尾崎行雄」（『平成法政研究』第 9 巻第 2 号）、「尾崎行雄のシナ征伐論」（『日台関係と日中関係』展転社）、「李登輝小伝」（『台湾民主化のかたち』展転社）、「李登輝による中華民国の台湾化」（『中華民国の台湾化と中国』展転社）、「台湾領有をめぐる日本の反応」（『一八九五―一九四五 日本統治下の台湾』）。

松本一輝（まつもと　かずてる）
昭和 54 年、東京都生まれ。平成 15 年平成国際大学法学部卒、同 17 年平成国際大学大学院法学研究科修士課程修了、現在　日台関係研究会事務局。日本選挙学会、日本法政学会会員。
（主要著作）「日本の台湾領有と憲法問題」（『一八九五―一九四五 日本統治下の台湾』）、「六大都市選挙に見る『中華民国の台湾化』」（『中華民国の台湾化と中国』展転社）「台湾の民主化と各種選挙の実施」（『台湾民主化のかたち』展転社）、「中華民国の戦後史と台中、日台関係」（『日台関係と日中関係』展転社）、「労働党ブレア政権の貴族院改革」（『平成法政研究』　第 14 巻第 1 号）、「オリンピック開催地決定の経過と政治の役割」（『平成法政研究』　第 12 巻第 1 号）。

山形勝義（やまがた　かつよし）
昭和 55 年、茨城県生まれ。平成 15 年国士舘大学政経学部卒業、同 17 年平成国際大学大学院法学研究科修士課程修了、同 23 年東洋大学大学院法学研究科博士課程単位取得満期退学。現在、東洋大学法学部非常勤講師。日本政治学会、日本法政学会、日本選挙学会、日本地方自治研究学会、日本地方自治学会会員。
（主要著作）「日本統治下の台湾における地方行政制度の変遷」（『一八九五―一九四五 日本統治下の台湾』）、「中華民国の地方自治と中央政府直轄市」（『台湾民主化のかたち』展転社）、「中華民国における五権憲法の実態―中国から台湾へ・監察院の制度と組織―」（『日台関係と日中関係』展転社）「アジア諸国における権威主義体制の崩壊と情報公開システムの形成―韓国・タイ・台湾を事例に―」（『法政論叢』日本法政学会）、ほか。

浅野和生（あさの　かずお）

昭和34年、東京都生まれ。昭和57年慶應義塾大学経済学部卒業、同63年慶應義塾大学大学院法学研究科博士課程修了、法学博士。昭和61年中部女子短期大学専任講師、平成2年関東学園法学部専任講師、後、助教授、同8年平成国際大学法学部助教授を経て、同15年より教授。日本選挙学会理事、日本法政学会理事。

【著書】

『大正デモクラシーと陸軍』（慶應義塾大学出版会）『君は台湾のたくましさを知っているか』（廣済堂出版）『台湾の歴史と日台関係』（早稲田出版）

【共著書】

『一八九五―一九四五 日本統治下の台湾』『中華民国の台湾化と中国』『台湾民主化のかたち』『日台関係と日中関係』『運命共同体としての日本と台湾』（以上、展転社）『日米同盟と台湾』『アジア太平洋における台湾の位置』『続・運命共同体としての日本と台湾』『東アジア新冷戦と台湾』『激変するアジア政治地図と日台の絆』『馬英九政権の台湾と東アジア』（以上、早稲田出版）

日台関係研究会叢書3

民進党三十年と蔡英文政権

平成二十八年十二月二十日　第一刷発行

編　者　浅野　和生

発行人　藤本　隆之

発　行　展　転　社

〒157-0061 東京都世田谷区北烏山4-20-10

TEL　〇三（五三一四）九四七〇

FAX　〇三（五三一四）九四八〇

振替〇〇一四〇―六―七九九九二

印刷製本　中央精版印刷

ISBN978-4-88656-431-3